懂得才是爱

理论与实践融合的家庭教育

邵建华 著

中国妇女出版社

图书在版编目（CIP）数据

懂得才是爱 ：理论与实践融合的家庭教育 / 邵建华著. -- 北京 ：中国妇女出版社，2022.6
ISBN 978-7-5127-2122-7

Ⅰ.①懂… Ⅱ.①邵… Ⅲ.①家庭教育 Ⅳ.①G78

中国版本图书馆CIP数据核字（2022）第063022号

责任编辑：邢亚丽
封面设计：李　甦
责任印制：李志国

出版发行：中国妇女出版社
地　　址：北京市东城区史家胡同甲24号　　邮政编码：100010
电　　话：（010）65133160（发行部）　　65133161（邮购）
邮　　箱：zgfncbs@womenbooks.cn
法律顾问：北京市道可特律师事务所
经　　销：各地新华书店
印　　刷：北京通州皇家印刷厂

开　　本：165mm×235mm　1/16
印　　张：14.5
字　　数：150千字
版　　次：2022年6月第1版　　2022年6月第1次印刷
定　　价：49.80元

如有印装错误，请与发行部联系

推荐序一

好父母与孩子共同成长

2022 年 1 月 1 日起，《中华人民共和国家庭教育促进法》开始实施，这标志着中国的家庭教育进入一个新时代，也确立了父母承担主体责任、政府指导和全社会给予支持的新格局。家庭、学校、社会都会从一个新的视角看待家庭教育，相应地各自的角色也会发生调整。在这场家庭教育的时代变革中，理念的创新推进和卓有成效的家庭教育实践案例异彩纷呈。

有幸读到邵建华女士历时 16 年慢慢积累的一本书《懂得才是爱》，读这本书时仿佛看到了一个三口之家润物细无声的教育图景，仿佛看到主人公小 C 从一个幼儿克服“千辛万苦”长大，长大的过程中充满爱和包容，也充满父母的教育智慧——看似不经意，实则用心良苦的方向引领。小 C 在慢慢长大的过程中，用心的妈妈用笔端记录了孩子成长的关键点和日常生活的点滴，包括孩子日常与父母的对话和思想交流，也包括在孩子各个时期妈妈为其储备的“教育经”。其中很多篇章既包含深刻的理论，又辅以实践的案例，字里行间能感受到作者对教育的热爱和研究儿童、服务儿童的热切之心。作者娓娓道来家庭生活的日常图景，文字跃然纸上、入心入情，让我们看到一个和谐家庭中，智慧的父母与孩子是如何平等、幽默地对话，又是如何在孩子失落、高兴、思想跃动之时恰当地教育和引导孩子的，使孩子具备感恩向上的品质，使孩子在家庭中潜移默化地明白许多做人的道理。

我在中国青少年研究中心工作近30年，大量的调查研究发现，父母能否把孩子教育好，关键在于教育素养，即教育理念、教育方法和教育能力。本书之所以值得推荐，正是作者的教育素养较高，能够给父母们一些切实的帮助。本书并非以孩子多么成功为描述内容，而是着重于在面对挑战时的思考，这会让读者朋友感到亲切。我欣赏作者关于智慧父母的三个建议：一是多观察孩子，才能有的放矢地教育孩子；二是让孩子保持快乐地成为“优秀”；三是父母不要因教育孩子而放弃自己的事业。这是现代的教育理念，也是务实的教育方法。因为教育孩子的前提是了解孩子，发现孩子的潜能优势并且予以尊重和支持，才可能将孩子引向正道，孩子才可能快乐成长。孩子是研究大人的专家。父母不放弃自己的事业，既是成就每个人的需要，也是父母为孩子做榜样的需要。

我觉得在《关于进一步减轻义务教育阶段学生作业负担和校外培训负担的意见》及《家庭教育促进法》颁布的当下，能有一本书引导家长寻找到好的家庭教育理念，使其产生共鸣，恰逢其时。同时作者把平淡无华的家庭生活故事穿插在教育理论中，也容易让广大家长在实践中学习和借鉴。

邵建华是一线教育工作者，从事过初一至高三的9年教育教学工作，也曾远赴加拿大攻读教育与领导力硕士学位，对国际国内教育做过大量的研究，同时也在北京市朝阳区教育委员会从事教师队伍的培训及青年拔尖和名师培养工作。可以说，作者在为师、为母以及从事教育方面积累了较为丰厚的经验，这本书非常值得广大的家长和教育工作者一读。

是为序。

孙云晓

中国青少年研究中心研究员

家庭教育首席专家

中国家庭教育学会副会长

推荐序二

用心、用情、用爱浸润孩子心灵

“希望更多的孩子与父母更亲近，亲子关系更和谐，希望每个孩子成长的岁月是一段温暖的路，祈祷每个孩子想到父母时感觉是温暖的、光亮的，这份温暖和光亮能够照亮孩子的整个世界，无论晴雨，唯有这份深沉的爱伴随一生。”

这是《懂得才是爱》一书作者朴实无华的心声；这是一位伟大的母亲的夙愿；这是一位教育工作者脚踏实地，默默耕耘，用心、用情、用爱浸润孩子心灵的动人的教育足迹；这是社会、家庭多数人所向往的生活。

我捧着这本《懂得才是爱》，被“懂”这个字吸引着，一口气读了好几遍；没有经过作者同意，当晚转给了几位好友，并告诉他们要认真品读！会给他们带来幸福！

我们深知，面向未来的教育，就是要创造未来。但是，由说到做，不是件容易的事，也不是人人想做就能做到的。创造未来，是家庭、学校、社会时时要思考并为此而努力的。我们面对前所未有的挑战，一定要有民族的自信！“天伦之乐”是几千年来中国人苦在其中、乐在其中的一生的实践与追求。如今谈到这个问题，大家定会感到既亲切又有苦难言。

今天，对孩子的教育变成一种巨大的压力。社会上孩子们课外的培训、补课之风盛行一时，应试教育走到死胡同，无数家长的焦虑仿佛是社会发出的一种无奈的哀鸣。

说到这，我自然想到，中国的基础教育究竟是什么？学生没有放飞理想的时间和空间，进入“985”“211”难道是孩子们的最终梦想？

教育工作的根本是立德树人，是一种关系到人生的信仰而从事的实践活动。在人们为教育彷徨之时，作者给我们吹来了一股清凉的风，她呼吁：我们要读懂孩子、了解孩子、尊重孩子，让孩子在阳光雨露沐浴下自由、健康、茁壮地成长。

《懂得才是爱》这本书具有时代价值。作者贵在把科学的理论与切身的研究融为一体，深入浅出，润物无声地实践着、探究着，在探索中思考，在交流中发现，在发现中走进孩子的心灵，读懂孩子，尊重孩子。可以看到，家长与孩子心与心的碰撞，情与情的交融。作者对听到的、感悟到的及时记录、思考，换来的是用理解、用爱浸润孩子的心灵，用尊重去教化，用交流去感染，用环境去熏陶，让孩子的心灵得到净化，得到滋养，得到雨露和阳光。

我建议，每位教育工作者，按下“暂停键”，停下忙碌的脚步，静下心来，读读这本《懂得才是爱》，脚踏实地地思考我们目前的教育，研究目前教育面临的实际问题，从而找到适合孩子健康成长的路。

《懂得才是爱》这本书具有实践价值。它来自实践，必能指导实践。作者重视孩子全面协调的可持续发展，在书中还为我们提供很多与孩子相处的实实在在的方法，在生活的碰撞中与孩子交流、沟通，给予孩子适时的引导。

作者以她对教育的情怀、师德的风范、科学的精神给我们新一代的教育工作者和现代的爸爸妈妈树立了育人的典范。这种大爱不仅是对孩子的爱，更是一份责任。

让我们全社会肩负起“为民族的未来”这份责任，舍掉急功近利，静下心来，走进孩子的精神世界，用爱读懂孩子，用情温暖孩子，尊重、理解孩子，用心培养新时代的栋梁。

最后，我作为一位老教育工作者，发自内心对邵建华同志为育人付出的心血深深地鞠躬。

马芯兰

特级教师，享受国务院政府特殊津贴，

原北京市朝阳区星河实验小学校长

自　序

教育孩子是伴随一生的不断懂得和彼此成就

我常观身边很多同事、朋友得子时的喜出望外，全部目光聚焦在孩子身上，生活的目标一下子变得明朗，从他们止不住的兴奋以及滔滔不绝地讲述孩子的举手投足、乐闻趣事中，我能感受到那一刻的他们生活美满幸福，感受到他们累并快乐着、满足着、幸福着的心境……

孩子在长大，经历婴儿、幼儿、儿童、少年、青年几个时期。家长们也在一同成长，养育孩子的“滋味”常常超出得子时的“喜味”，五味俱全时常伴随左右。

我又常观同事、朋友们在孩子成长的过程中，时常为了教育孩子而烦恼、忧愁，也常常听他们讲述被孩子气得食不知味、夜不能寐。他们在教育孩子的过程中经历着困惑、无奈、愤怒，甚至有五尺男儿也落下滚烫的泪，带着不知所向的迷茫，与当初得子时的心境大相径庭。我是他们中的一分子，真切地感受着为人母的忧虑与自豪，感受着与女儿同向同行同频的欢乐与忧愁。她——小C——我的心肝宝贝，上天赐予我的最好的礼物、珍爱的宝贝，她的每根神经与我相连。

我经常收到一些有关家庭教育的咨询。这些家长的问题大多为孩子习惯如何养成，该不该管教，隔代养育产生矛盾，几岁报课外班，等等。我的个别学生甚至已经因为教育孩子的问题，夫妻之间、与父母之间出现了矛盾和冲突。

我一直希望写一本书，把多年从事教育实践积累的思考、我与女儿小C以及与家人们相处的家庭日常记录下来，并试图把能够引发家庭教育思考和反思的记录提供给需要的家长及教育同行。希望小小的无名之举能帮助其他家庭，促成更多的家庭找寻到更多的家庭快乐和意义；希望更多的孩子与父母更亲近，亲子关系更和谐；希望每个孩子成长的岁月是一段温暖的路，祈祷每个孩子想到父母时感觉是温暖的、光亮的，这份温暖和光亮能够照亮孩子的整个世界，无论晴雨，唯有这份深沉的爱伴随一生。

感谢我的女儿小C，她鼓励、支持我写文章，有些段落还是她为我改写的。出于尊重女儿，我多次与她确认是否可以写日志，是否可以出书，她每次都坚定地告诉我："妈妈，出，出，挺好的。这本书是您实践教育我的过程，对很多家长一定会有用的。"回答完全出乎我的意料，从她出生我就一直认为她是我的小福星，是我生命中最亮的星星，看来果真是。我用心懂她，她也在用心成长，我们彼此影响，共同成长。感谢我的妈妈，她营造了民主、宽松、上进的家庭氛围，她在将近70岁时找了家教开始学习绘画，陪伴小C学习书法与绘画，是全家人的骄傲与榜样，更是我幸福的源泉和学习成长的源动力。感谢我的爱人，他是我的精神伴侣和支柱，给予我所有他能给予和为我做到的。他喜欢读我的文章，更是我的第一读者。同时感谢大哥和二哥，我 17 岁生日那年，他俩在生日礼物上写下“老妹，你要努力成为我们的骄傲”，这句话是我一生努力的方向。大哥说，他曾因为我写的文章在教育侄子的过程中受益，让我很有成就感，二哥为我的书改写很多段落，这些都是最疼爱我的至亲兄长给予我的无尽的爱的力量。同时也要感谢默默为我付出的嫂子，是她倾听我的苦乐哀愁，陪伴我们整个大家庭度过风雨岁月，她对人对事无比宽容，给我留下了深刻印象。

家是风雨飘摇中的一叶小舟，承载无数的爱。让我们每个人珍惜这叶为生命、为爱不断续航的小舟，并轮换成为这叶小舟的舵手，增加家的力量，坚定方向，划向美好。也以此书献给我自己，多少个夜晚，在备完课或者工作之后，虽然感觉十分疲惫，但心中、脑中有小 C 的美好样子浮现，便能不顾一切地把教育她的日常点滴和教育反思记录下来，半夜 1 点、2 点、3 点……彻夜也是有的。但我一点儿也不后悔，我用我的心记录下小福星、我最爱的她的生活和成长，以此表达我对她最深的陪伴与爱，愿她能懂我。爱你，小 C，希望家照亮你的人生。

写于 2021 年 2 月 19 日　北京水郡

目录

CONTENTS

第一篇　教育凝思

第二篇　早趣家园事

第三篇　乐教正其时

第四篇　青春蕴炫彩

第五篇　小家系大爱

附录

第一篇　教育凝思

有一个永恒的教育问题，也可以说是家庭教育的一个基本问题总是让我放心不下：在对儿童的教育中，怎样把严格要求和关怀，严厉和抚爱，服从和自由很好地结合起来？究竟什么是明智的父母之爱？

——苏霍姆林斯基

01

我的教育理念

好朋友看我育子省心，说我对女儿小 C 的教育是成功的。

其实在教育孩子方面我不太喜欢“成功”这个词。什么叫成功呢？人生是一场马拉松，孩子处在人生的起始阶段，何谈成功？中国人往往把“听话”“学习好”定义为教育成功的标签，但是好的教育，“听话”和“学习好”不是唯一的标准。

反观，如果从这个标准看，女儿显然不符合，她既不算“听话”，也不算“学习好”。她只是尝试做与自己年龄相适应的自主管理、自主学习，同时也享受和承担属于她这个年龄的快乐、紧张、责任，时而也向我倾诉“悲惨”故事……

在“听话”方面，爸爸和我都不太喜欢她“听话”。“听话”不成机器人了？我们更希望她凡事能有自己的主见，无论主见成熟与否，思考过并能表达出来就是最好的。

只有一直鼓励思考并表达出来，才能奠定她通过年龄成长、知识丰富、与他人交流、阅读总结等多种方式更加成熟的基础，慢慢有更丰盈的人生思考，具备赋予更多人生意义的潜能。

在“学习好”方面，女儿考第一好像小时候更多些，中学之后偶尔有一些科目“冒过泡”，至今还从来没有考过全班或全年级第一。

但我以为这并不影响她的优秀和她的神采奕奕，也阻挡不了她的进步。她就像一块闪闪发光的小石头，不张扬却有形，努力又不畏惧，是我和她爸爸最喜欢的样子。

我经常对她说：“妈妈从来不担心你的未来，今天不考第一不代表明天考不了第一，今天考了第一也不代表永远就是第一，要永远活在努力和进步中，踏实走好每一步。”

我对女儿的成绩从小到大没有一次提过要求，这也是她身边的小伙伴纷纷想和她“换妈妈”的理由。谈及身边小伙伴想和她“换妈妈”，女儿也总是很开心地说：“感觉很幸运，老妈没有过分地要求我怎样怎样，反而和老妈也是好朋友，关系很好、很融洽。”

我认为成绩不是要求出来的，成绩是靠学校、教师、父母、孩子等诸多内外综合因素凝结的结果。

女儿也常常因为考得不好而沮丧，也因为考前科目多、知识点云集应付得费劲。我也看到她学习方面的一些问题，有能力策略、方法技巧、基础知识等方面的问题。

有一次她对我说：“妈妈，我为什么考不好？”我反问：“你觉得你如何能考好？”她说：“我感觉很多知识模棱两可，感觉会了，好像又不太懂，考试有时会有蒙题的情况出现。”我说：“那题目你一定不要空着，该蒙就蒙，并分析哪个概率更高。妈妈也给学生出过题，我不会一出题就给出答案，也不会让答题者等那么久将D设为正确答案，但不能全是B、C，所以A、D概率较小，B、C概率较大。”

然后我们相视而笑，感觉我俩很聪明似的。

当然，“蒙题”不是一个好选择，学习在于真的弄会知识点，考试的时候凭自己的真本事做出来。于是，我认真地和她谈过几次。

我希望她能理解知识其实分几个层次：一是知道（了解知识），二是理解（弄透知识），三是应用（实践应用）。

我和女儿交流：考试往往是在理解的基础上再应用，你的分数恰好与这个匹配，知道、理解、应用的程度就是你的考分。

她也认为我说得很有道理，我和她分析她的问题大都停留在理解和应用之间，不是很差，但离应用仍差着一道壕沟。我是希望她从基础抓起，提高效率，增强理解，理科多做题试着应用，文科多阅读、多练笔，提高自己的文科素养。

她听进去了，但行动上还要看她自己的耐力和毅力，无人能替代，这件事需要自己不断地总结、尝试、落实。落实得怎么样，就是她的成绩。

孩子终究是孩子，她做不到的，我们大人也未必全做到。哪个孩子可以做到完美无缺、全然应对呢？

我常常和她开玩笑说：“你努力不努力其实是一样的，因为一流大学的学生可能是知识的三个层面掌握得很好的完美主义者，三流大学的学生都是知识掌握较差的，你不属于这两类。中间的学生则不用太焦虑，跟着学，按照自己的节奏，进退自如，自己的学习总有很大提升空间。”哈哈，她没懂，肯定的。

孩子贪玩心重，常常玩上几小时的手机，我天天用励志的文章鞭策她：不玩手机，节约时间，明确目标。但孩子终究是孩子，大人又有谁能做到完美呢?

我说:“你掌握好自己的时间、程度，每个时间段做什么就是你的选择，妈妈不会管你玩不玩手机、知识是不是理解或者会不会应用这么具体的事，因为最终理解、应用知识的人是你自己。你想要努力成什么样也是你的选择，我会帮助你思考如何更科学、有效地学习，但终究你是你、我是我。在你的故事中我只是一个观众，你才是故事的主角。”

我一直奉行这种教育理念，我不管她玩手机、她的成绩，从小到大她的书包我也没有翻过，我一直强化学习的结果是她的选择的理念。

不说教，不强迫，不压抑，不打击。她愿意玩多长时间的手机是她的选择，她愿意玩或者做什么都是她的选择，她愿意上好大学就努力，她愿意上一般的大学我也完全可以接受。(这种观点可能会被很多家长“拍砖”，哈哈！)

我曾经告诉她：

“我不以考上某某大学看作你人生成功的标志，也不以考上某某大学看成你人生失败的标签，最重要的是你选择什么，我看重的是你的选择，你认为什么有意义。

“你看身边的很多人不为名和利，只重视做事情本身的意义。其实你选择做的事情本身就是你自己的人生意义，有了意义就会想尽办法把它做好，这才是真正的‘成功’。”

女儿称不上“学习好”的孩子，一直在按自己的选择生活、学习，她会有什么样的人生和成绩是她选择的结果。她认为有意义就会去想尽办法做好，如果她认为意义不大，可能提不起太大精神。孩子想成为什么样的人就会尽力成为理想中的样子，而这一切我作为家长将给予全部支持和理解。

我也常常开玩笑地告诉她：“我不拒绝你考上某某、某某大学，我不拒绝你考第一，我不拒绝你成绩特别优异，我建议你也不拒绝。”她总是报以甜甜的一笑，哈哈……她笑着，知道妈妈在鼓励她。

我对孩子的教育是从她很小的时候利用车上、路上、睡前等零碎的时间一点一滴融入谈话中、生活中。

目前女儿是全然接受的，她基本已经成为一个较自主的孩子，接受这种教育理念，也在努力成为她自己。

写于 2020 年 8 月 8 日

做智慧父母三建议

建议一：多观察孩子才能有的放矢地教育孩子

在教育孩子的过程中，做父母的千万别拼尽全力、一意孤行地将自己的想法施教于孩子，要多观察孩子独特的特点，再有针对性地开展教育。

现实生活中，孩子考的分高就能上好大学，好大学能为找到好工作奠定学历基础，好工作能为将来奠定事业基础。家长送孩子上各种兴趣班，培养各种能力，看重和关注孩子的分数，这也无可厚非。在教育孩子的过程中，很难成为局外人。如果不送孩子上各种课外班，不在意孩子的教育和各种能力的培养与规划，孩子可能会被同龄孩子的优秀刺激，甚至可能会被淘汰。

前些年，有很多学前班，家长提早让孩子学习数学、语文、英语，为了更好地衔接一年级。家长会选择各种辅导班，或选择报艺术、游泳、技能类的，早早开展素质教育。家长会看到孩子哪科跟不上大纲和同学的步伐时马上考虑请家教补习，神经非常紧张，还会因为孩子的成绩批评孩子，加大力度监督孩子。家长也会选择打听各种小学升初中的消息，早准备、早谋划，让孩子最好上重点中学、重点高中、重点大学。

但家长是否问过自己诸如这样的问题：

1. 家长拼尽全力地教育，孩子能成为什么样的人呢？

2. 孩子会按照父母想好的方向发展吗？

3. 父母的教育方向和方法是否完全正确呢？

4. 孩子能接受父母的教育方式吗？

如果父母的回答诸如这样：

答 1、2 题：无论我如何教育和如何做，孩子都不可能成为最优秀的，也不会完全按照我想象的教育方向发展。我不确定孩子到底向哪个方向发展，最终决定孩子发展方向的是综合因素的考量。

答 3、4 题：我也不确定我的教育方法是否正确，不确定我的教育方式是否有效，但送孩子上了各种兴趣班，心里就踏实了，我觉得尽力了，尽到了父母的责任，就不后悔……

我不愿意做这样的家长，因为我拼尽全力拼不来孩子成为最好的，我拼尽全力教育孩子的方向不一定完全正确，我拼尽全力教育的方式方法不一定有效。我更愿意观察孩子，不必按自己设想的“好”去拼尽全力；我更愿意每天和小 C 谈话，我更想知道小 C 想什么、喜欢什么，我再按照她所想所愿所喜欢的陪伴她成长。

我不会因为想心里踏实，完成家长职责，就随意为孩子报各种兴趣班，最重要的还是看孩子的意愿，最重要的还是与孩子商量，最大程度地让孩子理解你给孩子报的班的性质、课程和达到的效果。与孩子交流而不是强迫孩子，孩子在“不愿意”的状态下学习效果不好，也会产生逆反心理，或许小时候无奈暂时听话去参加，但时间长了，如果孩子真的不喜欢又被强迫长期坚持，最终会形成非常压抑的心理，成为心理阴影。

人生短暂，不要让自己的孩子这么小就做自己不愿意做的事。如果家长让孩子上各种兴趣班，孩子又恰好喜欢，这实在是人生的幸事。更多的时候，以人性的角度来看，无论孩子还是大人，更愿意自由选择，而不是被迫做事。

建议二：让孩子保持快乐地成为“优秀”

父母千万别只顾及自己的成就感，要多关注孩子成为所谓的“优秀”过程是否存在心理压抑。另一个值得思考的问题和现象也是存在的——很多家长选择风里来雨里去到处找老师补课，孩子学习优异，成绩不错，在众多的同龄人中，孩子出类拔萃。虽然身心疲惫，但父母会有很强的成就感，觉得这么多年的付出是值得的。而且身边的家长们也很羡慕，认为孩子学习好，上了好大学，就是成功的。其实如果我们转变思路，孩子成功的标准是多元的，多角度看待全人教育、看待成功才会更全面地培育孩子。

在教育孩子的过程中，还应当同时问几个问题：

1. 在孩子“成功”的背后，冷眼旁观一下，孩子的整个学习过程是快乐和幸福的吗？身心是愉悦的吗？每天在众人面前被夸奖，他是表面快乐还是内心真的快乐？

2. 作为父母，你最希望孩子成为什么样的人呢？如果把所有的因素都去掉，在孩子“学习好，上好大学，素质高，但孩子不快乐，心理压抑”与“学习一般，上一般大学，素质一般，但孩子非常快乐，心理健康”两者之间，家长更愿意选择哪一个？

我选择后者，我希望女儿小 C 非常快乐，心理健康，成长过程愉悦。成绩好坏要看个人天分，学校教育、家庭教育、社会教育最终能将小 C 引向何方，最终她会成为什么样的人，很难预测。不是单纯的某一方面的因素或某一种措施就能简简单单地培养出优秀或不优秀的孩子，要基于孩子的自身条件，各方发挥正向作用才可能形成合力，促成孩子的正向发展。

建议三：父母不要因孩子而放弃自己的事业

在教育孩子的过程中，父母千万别为了孩子放弃自己的事业，甚至觉得为孩子献身是最值得的事情。让孩子感受到父母有自我价值，是成功的、努力的，这样才会被孩子看重，孩子才会真正将父母作为自己学习和追求的榜样。

我们一起思考几个问题：你教育孩子有自己的生活吗？你教育孩子的过程中自己享受生活的快乐了吗？生活的全部内容是不是只有

培养孩子？孩子成功了，你没成功，孩子会认为这样的妈妈是成功的吗？培养孩子成人后你还可以从事什么工作？

家长需要规划一下如何培养孩子，同时不放弃自己的兴趣、爱好、生活。把自己的时间、精力完全牺牲在孩子身上，以为是对孩子最大的好，以为是最伟大的创举，其实这是最愚蠢的事情，甚至会破坏孩子的自主学习能力，同时活成了“奴爸奴妈”，将来有一天一定会为此付出代价。家长一定要重新做回有“尊严”的父母，而不是“奴父母”，有自己的生活和事业才是最明智的选择。家长要和孩子一起成长，享受培养孩子过程的同时要有自己的生活，培养孩子的自主学习能力，家长也要不断超越、不断学习、不断成长。

我在教育小 C 的过程中，注重以下几点：

一是兴趣。培养她的兴趣，对学习的热爱，自己愿意学、乐学。我可以给她提供资料，引导她的理念，带领她的方向，给她创造更多机会，拓宽她的视野。

二是方法。方法至关重要，一要高效的方法，二要知识的整体框架，三要学会回忆。掌握学习方法会提升自己的学习能力，学习能力重于学习内容本身。

三是社会能力。有了好的学习方法，学习能力强，获得好的成绩，这些都非常重要，但在教育孩子的过程中，对于整个人生来说，社会能力（包括适应能力、管理能力、把控能力）重于学习能力。

四是享受生活的能力。在学习和社会能力之外，享受生活是一种至关重要的能力，要教育孩子尽早掌握。享受生活、感知生命美好的能力又重于社会能力。从人的一生来说，生命的过程应当是享受，享受才是最高的生活追求，把工作、生活作为享受生命的一部分。

做父母是需要不断反思和学习的，反思孩子的现状，思考未来。不能等孩子上一年级了，家长再着手学习一年级的教育。要在孩子上一年级前储备好知识，孩子上一年级时，家长要把储备的知识与一年级的现状做对比，进行反思，同时要思考二年级时的教育，二年级是一年级的未来。父母应时时处于工作状态，我们虽然不用时时关注孩子具体做什么，但父母一定要对孩子的内心有足够了解，同时更需要做智慧父母。

以上是我在孩子上学前的思考，与父母们分享。

写于2011年11月23日

非主流教育的方向在哪里

面对孩子的教育，我身边的家长，呈现出如下几种态度：

A 家长：孩子太累，要享受童年的快乐，所以不送孩子上什么课外班，快乐地东奔西走、玩耍。

B 家长：一定要让孩子有技能，多才多艺，以后享受生活的各样快乐。小时候应当报各种兴趣班，特别是看到某某弹钢琴出名了，某某舞跳得好，某某跳水获奖，某某下围棋获奖，更激励家长们报班，什么都参加，还有击剑、思维训练等，不惜重金。

C 家长：学业是根本，数理化一定要学，周六、周日要拿出大量时间做难题、偏题。

D 家长：从娃娃抓起，英语必须学好，以后要出国，出国才是孩子的未来。

E 家长：必须带孩子开阔视野，自己这代人没机会到处转转，一定要让自己的孩子到处转转，开阔视野。

家长们不知道路在何方，却存有一个信念，就是自己的孩子不能比别人差。曾几何时，各类学前班、培训班非常火爆，家长们按照自己对教育的理解，怀揣着对教育孩子的梦想不断地追风，不管自己多劳累，孩子多劳累，风雨无阻，就这样一直坚持。

读过一本周刊，谈论非主流教育和主流教育。书中介绍了几个不同的选择：有人完全避开中考、高考早早出国留学；有的是参加了中考，没有参加高考；有的是完成高考后出国留学。大家的看法各不相同，大部分人认为既然选择非主流教育就要彻底些，越早越好，否则无论在国内花多少时间学语言，到了国外还需要花时间补习。特别是刊物中介绍的一位家长后悔让自己的孩子参加了中考，认为孩子的创造力被大量的习题压制，性格也变了。有的家长则认为国内的基础教育不错，选择在国内读书，然后融入国外。

这些家长没有选择主流教育，而是选择了国际教育，他们的家庭共性是具备一定的经济条件支撑孩子的选择。文章中介绍的几位妈妈甚至父母双方可以陪读或者选择全家移民，在国内时着手学高尔夫、冰球、赛马等项目，到了国外一些地区则很快可以成为体育特长。

小 C 在入学最初的两个月适应期有些艰难，因为没有上过学前班，在写字和拼音方面遇到了很大的挫折；在英文、口算和识字方面，由于上学前我教了她很多而没有遇到障碍。

近些年，小学一直在减负。孩子放学后，没有太多的家庭作业，有很多时间可以玩和发展自己的兴趣。我以为这样的生活还是不错的，我甚至想象着孩子可以这样一直快乐到初中……

昨天读了一位家长的文章，文章中说到了初中要过“非人”的生活，特别是初三，这让我感觉到一点儿压力，立即联想到小 C 会不会因为年龄的增长而变得越来越没有快乐呢？

回想自己的童年时代，没有太多择校机会，那时候包括小学都是通过考试，考多少分就上什么样的学校，课后辅导班很少，而不是像现在有多样的选择。那时候考上什么初中就上什么学校，没考上只怪自己学习不够努力或者方法不对。

初中二年级那年，我也报了学科类的培训班，开始为中考做准备。我选择了周六或者周日参加主科的提高班，每周自己骑自行车去三里屯的一个培训机构上课，路上行人不多，还挺美的，常常回家后约上几个同学去滑旱冰。至于兴趣爱好，那时候培训机构不多，经常跟着两个哥哥在学校的乒乓球台子上玩，在大街上打羽毛球，和两个哥哥在家里学下围棋，做一些书法类的训练。妈妈给我们买了一本本字帖，几个孩子就开始练习，那时候生活过得很慢、很快乐。

我特别不希望自己的孩子变成学习机器，希望她能有快乐的童年，有很多的时间享受生活，并最终找到自己的兴趣和乐趣在社会上生存。

作为妈妈，我常常纠结，孩子到底学什么？精深地学习英文？大家好像全会英文，语言已经不能当成专业来学了，只是作为沟通工具应用于未来的工作和生活中。过几年有了更为高阶的翻译软件，估计比人工翻译的结果更精准和多元。

我想让孩子学习绘画艺术，便查阅了前几年艺术生招考资料，发现报考的比例已经增加了很多倍。我想让孩子学习钢琴，经过了解，发现需要花费大量的童年时光练习，不断地精练才可能学出点儿样。我想让孩子出国，但一想到全家人的生活都要为此而变化和调整，就觉得还是应该选择国内的主流教育，不能让孩子远走高飞。

非主流教育和主流教育，我们很难说谁对谁错，每个孩子成长的路径不同，因为不同的社会背景和家境环境选择不同的教育方向。不知我们的孩子可以走到哪里，不知我们的孩子去往何方，但相信努力是最好的，让孩子保持自信是最好的，让孩子有能力面对改变是最好的。家长放下焦虑，顺其自然地培养孩子是最好的。

我爱看着小C高兴地背着书包去上课，高兴地背着书包回来；我愿意看见她没有被我说，没有被我吵，享受着自己的快乐；我愿意让她有点儿小压力，并且努力就可以解决；我愿意让她幽默、快乐地生活；我愿意为她提供各种各样的环境——读书的环境、英文环境、快乐的环境、有大自然的环境、爸爸妈妈和谐的环境、有老人的环境、有小朋友为伴的环境。这些环境引导她，让她看到快乐，懂得爱、努力、合作，懂得享乐，在这些环境中让她自己作出判断，努力学习追求她自己想要的生活和可能得到的生活。我做我能为她想到和做的，帮助她实现她想和她的能力范围内可以做到的，至于选择主流教育还是非主流教育，可能有一天，她可以自主选择。

写于2012年3月23日

能不能指望孩子自觉自律

看到一篇文章，名字叫《教育的路上，永远别指望孩子“自觉”》，文中写道：“孩子在成长和学习的过程中，到底是靠自觉自律，还是靠父母管教和监督呢？在我看来，孩子之所以是孩子，就在于他缺乏自觉性，因此在教育的路上，家长永远不要单纯指望孩子能自觉。……”

对以上观点，我想大部分家长一定有很多共鸣，但我对文章的观点持否定态度。

诚然，哪个家长不希望自己孩子自觉自律，让自己省心，每天不再斗智斗勇呢？我设计了几个问题与大家一起思考，同时也请了几位同事和朋友作答。

1. 你从什么时候开始对孩子进行监督？

答：从我对孩子有要求和期待时开始的。大约一年级时就觉得应该进行监督了，小时候很宽松。

2. 你为什么那时候开始监督？

答：我希望孩子能够达到我心里的要求或者学校老师的要求。

3. 在开始监督之前发生过什么事情使你决定必须监督？

答：在开始监督之前，我发现孩子不听话，偷懒，不好好学，玩游戏，不把学习当回事儿。老师找我谈话使我感到没面子，训斥孩子无数次，也让孩子好好学习，都没有用，之后我决定监督孩子。

4. 监督之后孩子改变了吗？

A 答：我监督之后好多了，他不敢玩了，特别认真地完成作业，效率也提高了。我感觉很高兴，老师也表扬了孩子，说孩子最近学习进步了……

B 答：我觉得没什么用。我太忙也不可能时时监督，只要一眼看不到就玩上了，气得我打孩子。打也没用，打完好 10 分钟，然后还那样，一点儿办法都没有。

5. 这种改变是持久的还是一时的？

A 答：我陪了好几年，特别累，还行，时好时坏。

B 答：不持久，因为我太忙了，有时也顾不上，时间长了就没用了。

6. 监督使孩子和你之间的信任是加强了还是削弱了？这种感觉好吗？

答：监督使我和孩子都有了戒备心理，他经常关注我有没有看着他，我经常关注他是不是又恢复原样了，两个人之间的信任削弱了。这种感觉不太好，原本是亲人，弄得好像彼此都防着一样。

7. 你想过问题出在哪里吗？

答：没有，我想可能就是这个年龄阶段孩子的特点吧。孩子嘛，天性就是玩，不喜欢学习，小时候学习习惯也不好，到时间不知道做什么，所以就要看着点儿，监督着。

8. 你想过更好的方式吗？

A 答：我想过其他方式，比如找他谈话，只管用一小会儿，习惯还是改不了，打游戏成瘾。

B 答：我想找个家教把他的时间全部占用，花点儿钱就花点儿钱，反正有家教看着他学。

C 答：我想让他寄宿，可能有宿舍老师管着就好了。

D 答：我想送他去一所军事化管理的学校也许就能影响他了，手机被没收就不玩了，长大他会感谢我。

以上是对家长监督孩子这一情况收集到的部分回答。显然这种监督和被监督的感觉并不好，彼此失去信任，牵扯孩子和大人两方很多的精力，常常管一时不能管长久，而且一直在恶性循环中！孩子的问题好像出在孩子身上，其实深入思考也有很多出在大人的教育理念和对孩子早期的习惯培养上。大部分家长有一个根深蒂固的理念，这个理念是什么呢？

一些家长不相信孩子可以做好，不相信孩子会自觉自律，正是这种长期以来的不信任才加速促成这样的结果。可能很多家长反对这种观点，因为大部分家长认为孩子是因为不自觉在先，所以家长才选择不信任；家长认为如果孩子自觉，家长才不会不信任。但家长是否想过孩子为什么不自觉？不自觉的原因是什么？缺少学习兴趣、能力不足、重视不够、结交“损友”……家长一定要认真分析情况，特别是问题出现的最初阶段，要高度重视。等问题较为严重，需要双方付出更多精力维持，孩子要被监督，家长要去监督，这时候的教育契机已经不如最初阶段适宜了。

同时，孩子认为家长不理解自己，只知道一味地要求自己，从来不站在自己的角度倾听心声，只认准一套理论压制自己，从内心是抗拒的。青少年时期的孩子有一个特点，就是闭锁性和开放性并存：如果家长不理解孩子，孩子就会关闭心门，拒家长于千里之外；如果家长理解孩子，成为孩子的朋友，与孩子的交流无障碍，孩子会非常开放，和大人成为最亲密的朋友。

孩子真的不希望学习好吗？孩子真的喜欢天天被监督吗？如果喜欢被监督，为什么会出现各个时期的逆反现象呢？

其实，彼此信任是一个长期培养的过程，对于学生、家长或者老师来说，这种信任是从上学第一天开始的，是从日常一点一滴的细节开始的，信任的眼神、信任的话语，要从日常的谈话中慢慢地引导孩子，慢慢建立信任的关系。信任的关系是教育的基础，至关重要。要不断培养孩子对信任的理解，知道信任的珍贵。信任是送给孩子最好的礼物，孩子们感受到浓浓的信任就可以做好，同时相信自己可以做得很优秀。这与我前一段时间写的一篇文章《自主能力的培养》拥有同一个核心理念，就是孩子本身与自己年龄相匹配的认知和能力已经具备，家长要承认、接受、培养并提升这种认知和能力。这种自主能力被家长认可，就会不断增加彼此的信任，给予彼此力量。

日常生活中，一些家长往往对孩子自主能力的培养重视程度不够，孩子已经具备的自主能力没有得到良好的发展和培养，错失良好的教育契机，没有积极地作为。另一些家长又错误地认为，孩子应当具备与成人相同的自主能力，忽略了培养的过程，而把一些本不属于孩子年龄阶段的压力和任务压在孩子身上，从而导致孩子无法承受而造成严重的教育后果。

同时，家长普遍存在对孩子自觉自律的高期待，却没有意识到家长是帮助孩子建立自觉自律习惯的第一责任人。家长要从小观察并引导孩子，孩子在不同的年龄段已经可以自主完成很多事情，当然也有很多是不能自主完成的，需要家长慧眼识别，细心观察，特别是原则性的问题要更提早控制。我列举两个生活中常常出现的问题。

一、无意识地压制孩子的自主能力发展

身边很多朋友，包括我自己的亲侄子的教育都存在家长陪护过多、替代孩子完成本应由孩子自主完成的事的现象，主要表现在：帮助孩子检查作业，参与（干涉）孩子本应自主完成的学习内容，帮助孩子梳理课本知识。这些都是错误的陪伴。

无论多小，这几件事情都应当由孩子自主完成。那是不是家长就不用管呢？不是不用管，而是如何管和管什么的问题。

首先，从学校接回孩子后，对孩子说“好好写作业，别玩了”之类的话，然后家长就开始看电视、休闲玩乐等行为也是不妥的。家长

在这个时间段一定要多与孩子沟通交流，了解孩子在学校的学习情况以及和同学相处的情况。

在与孩子相处的时间里，一是多与孩子沟通交流，二是重视孩子学习习惯的培养，三是重视学习时间管理，加强这三方面的引导。

这种不让孩子察觉的平等沟通交流实际上是在观察孩子的情绪和状态，并自然引导孩子说出白天在学校的学习情况，在学校与老师、同学之间发生的一些琐事。通过沟通交流，可以洞察和捕捉到孩子成长的心理状态，同时通过孩子所见所闻了解孩子的思想动态，也能通过聊天了解孩子是否有学习上的困难，从而有针对性地想出教育策略。配合学校开展好教育，看似小事，实则是大事。

有的家长意识到了这个问题，但是常常形式化地问今天过得怎么样，孩子最初很高兴地说上一段，后来习以为常，甚至有时会说“我一猜你就问今天怎么样”，说明孩子并不想表达，对家长的这种关注表示极度反感。遇到这种情况，家长一定要反思，自己的行为已经导致孩子不愿意和自己交流了，应当停止这种机械式的交流方式。可以采取冷处理，给予孩子空间和不愿意表达的余地，等孩子主动与家长交流时再引导孩子或者采取积极有效的行动。

对于年龄小的孩子，1 ～ 3 年级甚至 4 ～ 6 年级的孩子，都需要进行学习习惯的培养和学习时间管理。学习习惯主要是教会孩子正确的写作业坐姿、检查作业的方法、复习与预习的技巧和意义、每门功课用时和作业预测完成的时间。和孩子一起做出预测管理，并适时做对比，帮助孩子总结哪里做得好或者不好，适时奖励，对孩子不会的给予方法的指导，如果孩子第二天有所改进要适时给予鼓励。

孩子完成作业后，让孩子自己收拾书包，低年级的时候可以让孩子和父母报告一下收拾的情况，年龄大的孩子如果习惯已经养成就不必重复。

有些家长关注孩子作业做得如何，每一道题都看着做，看到有错，立马指正，让孩子无法独立思考，思维不连贯，同时也使孩子的自主思考能力被剥夺。还有的家长帮助孩子一样一样检查好，告诉孩子哪个行、哪个不行，久而久之，孩子就认为检查作业内容是父母的事情，做完作业就行，其他的归父母。这样父母很累，孩子的能力又被荒废，对学业的责任心也减弱。如果父母有检查出错的情况，还引起孩子对父母能力的怀疑，这些都是负面的。

家长一定要信任孩子，只要孩子能够自己完成的尽量让孩子自己完成，从低年级到高年级，根据孩子的情况给予方法指导，让孩子科学、高效地完成自己的学业。

二、不具备自主控制游戏的能力造成失控

在信息化时代，很多家长对孩子的游戏管理是失控的，这种失控随着孩子年龄的增长越来越严重。小时候孩子玩，家长不觉得有问题，慢慢地，孩子好像无法摆脱了，甚至开始用钱去买游戏卡、游戏点或者装备等，家长变得无能为力。

游戏行业实际上是按照各年龄段人的心理特点和认知特点来开发和创造游戏。孩子一接触游戏就会感兴趣，然后慢慢产生心理依赖，

而孩子并不具备对游戏的自主控制能力。如果我们没能从源头上重视这个问题，久而久之，家长只能放任孩子玩游戏，最后以妥协或者争吵的方式来解决。

孩子刚接触游戏时，作为家长，一定要深刻认识到孩子是否具备自控能力。我观察大部分孩子高中以前不具备游戏的自控能力，那么家长如何做?

一是尽量让孩子远离游戏。家长如果能够预测玩游戏的严重后果，就会意识到远离游戏的重要性。无论对家长还是孩子来说，游戏都是蜜剑，这把蜜剑有着无情的杀伤力。

在我的家庭中，我与小 C 爸爸是不允许孩子沾游戏的。作为家长的我们也不玩游戏。有些家长可能会说孩子都是跟其他同学学玩游戏的，或者不买手机不行，孩子会自卑。这主要取决于家长对游戏控制的底线和决心，越早意识到危害性越好。如果家长能够较早认识到孩子目前不具备自控和自主安排游戏的能力，最初就会加强防范，坚持底线，绝不让步。我们一直坚定地不允许孩子沾游戏，偶尔玩游戏只限于与小朋友一同出游，大家在路途中消磨时间时可以玩游戏。当然，小 C 是个女孩子，在这方面我们家没有遇到困扰。

二是如果不能抵御游戏的诱惑，必须采取措施，坚决没收手机或分时段开放手机。生活中也有些孩子因为玩游戏而成名，甚至成为职业选手，但这样的孩子是很特殊的，并不多见，家长们要仔细甄别。

写于 2020 年 8 月 2 日

最好的家庭教育是彼此成就

一、孩子的天性与后天培养要相互结合

孩子应如何度过从小到大这段求学的拼搏岁月？父母和孩子又应当以一种什么样的方式彼此陪伴？如何使孩子们经历种种风雨，终获所期，从容步入职场，顺利探索人生之路？

我常常思考这些问题。我想，在这场父母与子女的人生之旅中，彼此成就是最好的家庭教育。父母因孩子而精彩并突破设限人生，孩子借助父母的肩膀展翅高飞。父母把自身资源给予孩子，助力孩子成长，使孩子不断突破自己，走得更高、更远。

彼此成就是一件不容易的事情，孩子似乎继承自己家庭的家族元素，但似乎又有诸多不同于自己家庭所期待和传承的元素，甚至相悖相伤。在彼此成就的愿景目标中，这仿佛不得不提到孩子的天性和后

天培养的话题。

孩子教育过程中的天性与后天培养问题一直是自17世纪以来学术界争论的焦点。儿童心理学家格塞尔认为，导致生长的原始冲动，是内源性的而不是外源性的。格塞尔的观点更多关注儿童的生长源于天性，而后天的环境只使天性变得具体化，并不引起个体发展。这种观点在某种意义上否定了学校教育和家庭教育，也否定了社会对人的影响，更多地强调人生来的素质。

持相似观点的还有笛卡儿以及康德，他们主张人类生来具有知觉能力，尽管他们承认，有些能力要经历一个成熟的过程，但知觉能力在婴儿出生时即已表现出来，它们不是在经历个体发展的过程中才产生的。教育家卢梭更明确地表达他的观点：大自然已为儿童安排好保证他们健康成长的发展秩序，而父母和教师对儿童的干涉是对儿童发生变化的天然连续性的破坏和歪曲。他指出，儿童积极对周围环境做出反应，使之适合他们自身的目的，儿童是一个“繁忙的、正在从事试验的、积极的探索者”。

英国哲学家洛克则认为，婴儿生来是一块白板，在后天生活中受各种各样的影响而生长。与洛克观点稍有不同的美国著名心理学家詹姆斯则主张，婴儿的世界是一种“开放着的，嗡嗡作响的混乱状态”，而经验帮助婴儿组织和建立心理秩序。他们与天性论对立，不同意那种认为婴儿有与生俱来的知觉和成熟认知的观点。

行为主义创始人、美国心理学家华生有一个著名论断：给我一打健康的婴儿，一个由我支配的特殊环境，让我在这个环境里养育他们，我可担保，任意选择一个，不论他父母的才干、倾向、爱好如何，他父母的职业及种族如何，我都可以按照我的意愿把他们训练成为任何一种人物——医生、律师、艺术家、大商人，甚至乞丐或强盗。

斯金纳被称为新行为主义的代表，他进一步摈弃内源性因素在心理发展过程中的作用。他认为，强化作用是塑造行为的基础。儿童偶然做了某个动作后，强化的次数增多或强度增大，再出现的概率也随之增大，这就导致了人的操作行为的建立。如果一个动作发生后，未得到强化，那么强化的作用就不明显，甚至没有任何作用。所以对于儿童的不良行为，如无理取闹和长时间啼哭，可以在这些行为发生时不予强化，使之消退；对于儿童好的行为，就应该给予强化，使之得以巩固。强化分为积极强化和消极强化。

根据儿童天性与后天培养有效性的理论，对父母来说，孩子出生后，就要面临考虑孩子的天性与创造什么样的后天环境培养孩子的现实问题。孩子的天性与后天的培养确实是我们要结合好，找到最佳契合点的“大工程”。

二、真正懂孩子并不容易

我们其实不懂孩子，孩子也不懂我们，真正的懂是很难做到的。孩子小时候不会说话，你以为你懂孩子，其实对孩子情绪或身体上的变化你根本不知所以，靠的是猜测，如渴了、烦了、饿了、热了。家长主观地照顾孩子，孩子被动地被家长摆弄，今天奶奶照顾，明天姥姥照顾，科学性或系统性地哺育孩子的理念并没有提上日程。

孩子稍大些，能表达了，家长觉得太有趣了，甚至孩子还说一些令人感动的话，“长大了我养活你”“我长大后要当科学家”“我要开飞机”“我给你买大房子”等。家长觉得人间烦恼皆无，充满希冀和温暖，一定要好好培养这个孩子，将来会有大出息。可是家长真的懂孩子的话吗？他们说的这些话是一种什么样的状态下的话语，什么状况下说出的，并且如何借助这些感恩的话语展开教育等，很多家长并没有思考，大多沉浸在养育孩子的满足和快乐中，“累并快乐着”“一切都是值得的”。这个时期父母全然享受孩子在成长中最依赖家长的那段岁月的美好，孩子也在享受与家长无法割舍的相亲相爱。

孩子上学后，成为一个“小社会人”，开始有竞争了，有分数了，有排名了，有写不完作业的时候了。孩子在这场学业的竞争中显现出自己的特点和特长。孩子在长大，家长懂孩子吗？很难懂，特别是在学校发生的事，与谁交谈，上了什么课，课上学到了什么，与同学交往中说了哪些话，接受了哪些观点，学校的宣传和教育发生了什么样的作用。家长不参与学校的教育过程，只通过接送孩子的路上或者家里听孩子说只言片语，拼凑着我们对孩子的认知，按照我们自己的要求和想法说教孩子。有些家长望子成龙心切，总希望孩子能考前列，总希望孩子多学习，把孩子的时间安排得满满的。这个时期冲突非常激烈，孩子更多的是被动接受学校和家长给予的任务。

青春期的孩子不愿意和家长有太多沟通，因为孩子独立意识增强，他们已经对事物有独立判断，并且可以把观点表达得非常清楚。这时候孩子和家长的一些想法大相径庭，家长还没有适应他们的成长，仍然用小时候单一的说教方式与孩子沟通交流，必然会发生冲突。家长们不懂，为什么辛苦把孩子养育这么大，昨天还说要永远在一起，给自己买大房子，今天孩子就不让自己进他的屋子，而且多说两句就会顶嘴。这时候或许是家长最不懂孩子而且最难过的一个时期。其实孩子同样苦恼，他们既要适应身体的变化，同时他们原来内心的一些价值观和看法也在悄然改变。随着周边同龄同学独立意识的增强，出现了多元的思想，既有负面的，又有正面的。虽然班主任在竭力关注、引导，但很难关注到细节和孩子们的内心。

孩子小的时候我们以为岁月漫长，艰难地处理上班与看孩子间的矛盾，觉得日子熬不出头；反之，拥有亲密无间的亲子时光的时候以为自己是世界上最幸福的人。瞬息万变的青春期来袭的时候，有些家长眼见着自己的孩子越来越不属于自己，又担心孩子步入社会后选择错误或遭受苦难，焦虑和压抑或许常相伴。

当然，也有很多释然的家长，能在孩子成长的每一个关键期给予孩子需要的支持。虽然不能完全懂孩子，但是给予了孩子最大的尊重与空间，让孩子快乐、痛苦、流泪、成长，孩子需要的时候在身边，孩子不需要的时候在远处欣赏，与孩子做朋友、做师生，温暖而长久，彼此成就，彼此温暖，彼此快乐，彼此照顾，享受美好的一天又一天。

写于 2021 年 5 月 23 日

不做完美主义家长

“完美”这个词是褒义词，但在养育孩子的过程中，我认为“完美主义”是个贬义词。完美主义其实最不完美，原因有三个。

一、追求完美常陷入虚无与悲观

世间本无完美，任何事物总在不断发展中，我们追求的完美是不存在的，稍有缺憾便心生悲观是完美主义的典型弱点，悲观情绪引发痛苦和失望，不仅对事物发展无促进，甚至内耗了自己的心力。家长在教育孩子的过程中，要承认孩子是不完美的个体，是不断进步和日臻完美的个体。

二、追求完美常苛责自己及他人

人无完人，每个人都有与生俱来的特点和性格，并且在生物遗传基础上融合社会性成为独特的自己。独特的自己是美丽的，但由于其独特性很难与他人的价值观、社会观完全重合，总有差异，这种差异通常使自我和他人不完美契合。

如果我们认识不到这一点，一味追求完美，要求自己完美地顺应他人和社会，一定会很痛苦也很累，甚至有时会不自觉要求他人和社会符合自己的要求和想法。这时势必有更多内心冲突，或许为了追求完美，苛责自己和他人，造成自卑、不满、愤怒、失望等情绪。同理，在教育孩子的过程中，孩子也是独特的，我们按照大众所趋向的标准一味地要求孩子完美，不但使孩子内心冲突，家长也会非常累，苛责孩子实际上也是给自己戴上了枷锁。

三、追求完美常混淆于追求卓越

卓越是通过比较得出的，自己和自己比，比以前进步了就是更卓越了。自己与他人比，通过观察、求教、学习使差距减小了，就是更卓越了。拿出追求卓越的态度，学习，提升，促进个人和所在的团队及组织进步与发展。这不同于追求完美，追求卓越是理性的、乐观的、向上的，但追求完美是非理性的、不切实际的、悲观的，不值得提倡。在教育孩子的过程中，一定要让孩子尽最大可能和自己比，人生实际是不断超越自己的过程，突破自己，找到自己的长处，挖掘自己的潜能，这样才能使孩子获得成就感和快乐。

写于2021年8月14日

小C的成长促我反思教与学

为师9年，我常常对孩子们很苛责，现在想来是后悔的。自从有了小C，看她经历学习的种种不易，我比以前更理解孩子、理解学生，同时对课堂教学反思如下。

一、课堂内涵再思考

打造好课堂要深刻领悟教学是一个双向沟通的过程，孩子好奇的天性往往渴望更好的体验、参与，教师往往习惯于以师者的身份授课，两者之间存在巨大的差异。这就需要教师放下身段，与学生互动，与学生在一个频道上沟通，一方面了解学生的需求、兴趣、爱好、知识结构，试着换位思考去沟通，并能用学生的语言交流；另一方面也要善于表达，为了使学生更好地理解感知，可以用视频、图片、道具等不同的形式和载体表达授课内容，提高趣味性。

二、教与学的自我反思

1. 爱到深处即为师，重新反思师者的“深”。要不把自己当老师，不把自己当专家，不把自己当过来人，不把自己当高手。要俯下身去接近学生，把学生当朋友、当同学、当引导者、当体验者，着眼于学生的兴趣、学生的需求、学生的感受，注重学生的参与、学生的体验，采取多种形式创设情境、聚焦目标、引发思考，让学生在轻松、愉悦的环境中获得真知，能力进一步提升。

2. 课堂是“我们”的课堂，不能只注重教师自己的需求和感受，要以学生视角思考或调研学生对追求本课知识的需求量、对本课程的兴趣和热情度以及学生本身的知识能力储备，并在授课中将学生的需求和热情等转化成一种持续的学习动力。内化于心的教育才是深刻且有意义的，学生的学习不是单纯的“学好”，而是“好学”。

3. 教育是为了激发人性美好的地方，教师要有一双发现美好的眼睛，着眼于发现学生的美好和闪光点，并对其赞扬和鼓励，促使学生慢慢形成正确的价值观，实现立德树人的终极目标。

4. 要注重师生“冲突”的协调、缓解、优化，通过冲突对教育现实和自己的教育行为不断反思，重新审视自己在师生关系中的位置，增强和学生的融合与对话，从而采取有效策略促进教育智慧。

写于2020年10月12日

第二篇　早趣家园事

要成为孩子的真正教育者，就要把自己的心献给他们。

原来小孩子看世界有他自己的眼光，有他自己的艺术表现手法上的语言，不论你怎样努力，也是无法做到的。

——苏霍姆林斯基

02

写给婴幼儿家长

婴幼儿阶段是人生起始阶段，家庭以婴幼儿的养育为基础向后续的育子生活延伸和发展，整个过程每时每刻都需要智慧和策略去生活和育子。过去，很多家长觉得生了孩子就给老人看，稍大一点儿送幼儿园管，在大部分人看来，婴幼儿教育以及幼儿园的工作就是看孩子，每天无非是处理各种琐事，因为孩子又不懂事，就是瞎玩瞎闹。其实不然。

婴幼儿教育在整个教育过程中至关重要，甚至更需要具备专业、科学的幼儿教育知识做支撑，也更需要细心、耐心地投入精力和脑力，用正确的方式爱孩子，不宠溺又不失教育，使婴幼儿得到适宜的成长。婴幼儿时期是奠定一生幸福的基础岁月，也是重要的性格、智力发展、健康心理、思维广度和活跃度、语言能力、协调能力等诸多方面培养的关键时期。在这一时期如何科学育子，其中关键和重要的要素是了解和掌握婴幼儿发展的心理线索。

婴幼儿发展的心理线索是什么？婴幼儿有心理吗？

婴幼儿不但有心理，而且要给予婴幼儿的心理特殊的关注和满足，孩子们还小，不懂如何表达，也无法精准地表达自己内心真正的需求；同时，孩子们太小，还没有形成完整、坚定的心性，他们仍然处于对外界事物的不断尝试、观察之中，是用所具备的接收体内外感觉信息的能力，主动对外界信息做出反应。

外界信息包括周围的环境、父母亲人的表情、语言、动作等，都会被婴幼儿接收到。婴幼儿也会通过感觉器官的运动、四肢躯干的运动或者由表情实现感情性反应。婴幼儿的情绪反应是他们的第一个有效的心理适应工具。

高兴、哭闹等都是婴幼儿心理的反应，他们在适应中求生存，他们接受成人的哺育和教育不完全是被动的，他们一边用各种反应给父母和亲人反馈自己的感受，一边尝试着接收外界给予的信息。作为家长，应多观察孩子的天性，敏锐地体察孩子如何自主地进行情绪的反应。这个时期非常关键，不能阻止孩子的情绪表达，要细致观察孩子的情绪表达，使其充分自主地通过哭闹或者表情等呈现自己的需求。《2017 中国 0 ～ 3 岁婴幼儿生长发育现状白皮书》调查结果显示，父母亲自抚养孩子的成长发育水平高于祖辈和保姆抚养的。

研究表明，这一时期如果发生适应不良，婴儿得不到适当的哺育和感情上的爱抚，可能会导致发育迟缓、疾病，甚至死亡；他们在心理发展方面也会产生个性和感情上的困难。某些儿童或青年性格孤僻，追溯其原因，往往是早期感情上适应不良造成的。

随着成长，孩子每天的能力都在增强。家长更要观察自己的孩子具备哪些自主能力，要大胆鼓励孩子去发展这些能力，最初的动、翻身、语言表达、爬行，这些基于身体本能的发展，都是对孩子自主能力的培养。

婴幼儿早期特别关注的是早期感知觉、运动能力和情绪发展，这些都将对孩子的认知—智慧发展带来影响。

个体心理的发展首先体现在认识世界和操纵环境的能力上。这种能力是先天遗传与后天环境和教养条件相结合的产物，也是心理方面相互影响的结果。胚胎期，神经系统和脑的基本神经结构与部分功能已经发育，并在出生后继续生长和成熟。婴儿出生后即已出现的感觉活动和反应刺激着感觉系统，使它得到锻炼，促使这些组织继续发展而成熟。因此，婴儿感觉的早期反应与感觉系统（感官、神经、脑区）的成熟是同步的，从而显示了婴儿早期感知觉的特点。

婴儿最初的感觉能力只能由单一的感觉系统操作，因而是不稳定的、瞬间即逝的，它们只是为以后知觉能力的发展提供感官成熟的基础，其心理含义甚微。

研究表明，1 个月婴儿的视线只能沿着面孔图像的轮廓明暗对比的线索巡视。2 ~ 3 个月的婴儿才开始注意图像的内部结构，这时他们更喜欢人的正常面孔，而不喜欢五官被颠倒排列的图像，说明婴儿对图像各部分综合的知觉能力是在视感觉单一维度的基础上逐渐获得的。

3 个月婴儿的知觉加工已在记忆中储存为表象。婴儿出生后对成人的视觉扫描被多次加工并在脑中留下痕迹；对成人面孔的视觉经验从模糊到清晰，形成对人的面孔知觉。经过成人对婴儿生活的照料，附加其他感觉，如对母亲的嗅觉、触觉、听觉的复合加工，婴儿在3个月时就对母亲的面孔有了认知。

婴儿生长到5～6个月，不但能认识人，而且能区分不同的人，这时才是真正认识物像的开始。

以上这些发现对我们的重要启示在于，婴儿早期经验非常重要。那些由感觉单一维度操作的极其短暂而不稳定的感知觉反应，是早期智慧的火花。敏感的父母能够捕捉到它们的闪现并创造条件予以强化，使其重复出现，就能使这些感觉经验在脑中得到储存和巩固。婴儿早期的感知觉敏感与否，决定着他们注意力、记忆力和探索行为的发展，是早期智慧的标志。

（文中部分数据和观点引自《孟昭兰心理学文选》，以及马克·伯恩斯坦1992年的研究成果。）

写于2020年8月10日

TIPS：4 岁与 5 岁孩子不同的教育策略

通过对两个年龄阶段孩子的接触，我发现他们有如下不同：

4 岁的孩子对不感兴趣的事物只能坚持几分钟，对感兴趣的事物平均能坚持 15 ～ 20 分钟，这中间还需要不断引导才可以坚持这么长时间。让孩子参与感兴趣的事物分为两种形式：一种是动手参与，一种是动脑参与。最初学习和思考阶段只能坚持 15 ～ 20 分钟，适应后，慢慢能坚持 20 ～ 30 分钟。

5 岁多的孩子，特别是学龄前儿童，经过一段时间训练后，能坐住的时间明显长于 4 岁的孩子。他们无论感不感兴趣，都会有一定的自控能力，能坚持一下，如果特别不喜欢，就会不自觉地走神，慢慢失去兴趣。

教育反思：对于 4 岁多的孩子，要以兴趣导入为主，因为他们并没有太多的条条框框，基本以兴趣为主，感兴趣就学，不感兴趣就放弃。5 岁多的孩子有一定的自控能力，但非常短暂，可以坚持一小会儿，所以此阶段的孩子要首先考虑兴趣，无论学习内容是什么，要将内容分解，让孩子们感兴趣，然后引导他们一步步跟着兴趣向纵深学习。

自然习得的英语启蒙

一、先为孩子创造一个英语环境

英语是为了应试还是应用？我的教育理念首先是为了应用，但应用和应试不矛盾，会应用的孩子成绩不会差，会应试的孩子不一定会应用。现在的孩子学英语甚少有应用的场合，多是为了应试。

英语课堂目标是什么？我觉得是为了形成机制，在培养形成的氛围和机制中让每个孩子在机制中形成习惯，完成英语各种能力的积累过程。

如何实现 flow English？关键点是什么？我通过认真思考，发现孩子小时候语感不强，需要积累和逐渐创建语感，孩子们感知语言的能力是非常重要的。小时候语感不强，需要不断刺激并强化生成这种能力。

小 C 的英语启蒙阶段，我采取的主要是“培养兴趣 + 强化自信 + 日常积累”。选择色彩鲜艳、有故事情节的绘本和朗朗上口的英文歌曲，用于训练语感。聚焦主题、任务驱动的方式也很有效，就是在培养孩子学习的过程中加入主题课，一个课程安排一个主题学习。如果有条件，也可以加入外教的交流实践。

孩子喜欢有趣、快乐的氛围，特别是低龄儿，这是符合孩子年龄的认知规律的。用“歌曲 + 主题课 + 绘本 + 单词卡”训练（不建议卡片，孤立的词往往是低效的），强化语感、场景。磨耳朵，是 3 ~ 7 岁的孩子通常使用的启蒙方法，通过情景渗透，孩子们通常不会抗拒英语，而且会产生浓厚兴趣，建立很好的语感。

坦率说，在教育孩子方面，我并不知道自己想要什么，教育孩子很缺乏计划性。我怀孕期间，别人都在实施胎教，我却在筹备考英语八级的事情，当时觉得英语复习的过程说不定会对胎教有好处，后来的事实证明没用。2011 年暑假，孩子 5 岁半，我“痛改前非”，决定不再忽略女儿的教育，开始教授孩子英文，整个假期我在引导孩子学习英文的过程中，发现“胎教”没起太大作用。

有一天，我将《维尼小熊》调成英文版的，她能听一句英文，翻译一句中文，意思全对。我当时还兴奋地想，这孩子不用教都会了，后来才知道其实她不懂英文的意思，只是将中文都背下来了。

面对英语启蒙，当时的第一件事是学什么，我也不知道。我从日常对话开始，她听不懂，然后就问我，妈妈你说什么？我重复，不断重复。我根据场景说英文。前几天，她觉得有趣，后来就烦了，告诉我请讲中文，并且告诉我，她听不懂。

突然有一天，我用英文和我妈妈说：“It's time to have a dinner.”（开始吃晚餐了。）我妈一头雾水。她突然翻译说：“我妈说到吃晚饭时间了。”我很开心，接着说：“Can you translate that into Chinese to your grandma?”（你能把它翻译成中文说给姥姥听了？）她说：“Yes，I can.”（是的，我能。）好自信呀！以后我就开始和姥姥说英文，让她翻译。这给她带来很大的自信。她成了姥姥的小翻译。有点意思的是，我妈妈也能听懂一些了，哈哈！

我开始有意识地在车里放英文歌曲，好听的、朗朗上口的，不停地循环播放。她总问我是什么意思，我就一句一句解释给她听。她对这些英文歌曲记得都很清楚，这样逐步进入了不抗拒英文的阶段。学习英文首先要让孩子不抗拒、不畏难。

我发现她能用蹩脚的英文和我简单对话了，就像“我要 wash my face”（洗脸）、“I want to go to bed”（我要上床睡觉了）。后来我就尽量和她说英文，没想到这种环境对她的影响很大。我又要求她爸也用英文和她说，发现她慢慢适应了这种环境，能听懂我们的话，能照我们的意思做了。由此，我感觉英文的环境对孩子至关重要。

不过我又担心我们的发音对她有影响，所以开始找原版的英文资料给她看，往往都是一小段一小段给她听，有时听一句译一句。有的时候，我就假装没听懂，问她什么意思，她总是说：“哎呀，你这个都不会！”然后一个词一个词地给我翻译。

车里是难得的学习机会，每天上学、放学路上的 1 小时车程，我是绝对不会放过的，不是听这个，就是听那个。有时候我忘记带听的材料，就把收音机打开，让她听词和句，听懂一个词就奖励 1 个小宝石，听懂一个句子就奖励 2 个小宝石。那天她竟然听懂了一个长句子：Do you want to get more information，please join us.（如果您想获得更多咨询，请加入我们。）当时我开心极了，就给了她 3 个小宝石。到了幼儿园，她得到了 16 颗宝石。

前几天，我给她讲了新概念英语二册的第一篇文章，她能表演后，很快就找大三班的男老师去 PK 了，因为那个男老师也在学英文。她告诉我，男老师说“last week”，她说“I went to the theater”，男老师说“I had a good seat”，她说“but I can not enjoy it”。她回来后和我学这一段时开心极了，觉得自己学的英文能和老师对话了。

为了让她知道英文是有用的，我们等红绿灯时，让她开车窗对着外面的外国人打招呼。她说不行，不敢。我说，你行。她大声对着一个外国人喊：“How are you？ Nice to meet you.”对方微笑着说：“Nice to meet you，too.”她好开心，关上车窗，突然觉得英文是可以用的，不同肤色的人也能交流。

下一个阶段，我准备播放长故事给她听。听完故事后，要求她整句整句复述给我听，希望她能取得更大的进步。

通过启蒙孩子的英语学习，我认识到学习英文环境和自信是非常重要的。最开始引导孩子启蒙学习的时候，孩子虽然感兴趣，但总是习惯说中文，只有引导她用她能听懂和接受的方式找到学英文的自信，她才会越来越热爱英文。热爱是最好的老师，用在英文启蒙学习上也很适用。

二、学习方法很重要

前几日，我的同事告诉我她孩子上三年级，每天背大量的英文单词。同事说因为有些单词他们也不知如何发音，就查字典，然后教给孩子，再让孩子按照字典的发音读和背。她说孩子不喜欢英语，开始讨厌英语了。

孩子被逼无奈，整天发着蹩脚的音，查大量生僻的词，机械地背。不过，她发现孩子背单词很快。我说背单词快是好事呀。她说孩子只是为了完成作业，希望尽早结束，所以背得特别快，但第二天就全忘记了。我与她交流，她用什么来衡量孩子的英文进步幅度，她说每天晚上都检查孩子背单词的数量，过一段还默写检查。

显然，我的同事采用的是传统的教学方法，就像我小时候一样，学习英文就不停地背单词，考试的时候还有很多填空是考拼写，那时候的考试不太重视听、说的训练。现在，我的词汇量也不少，但很多单词都是孤立背下来的，始终都不太会用。

在教小 C 学英语的最初阶段，我思考过一个问题，就是说中文时，我们是说一个个句子，还是一个个词呢？我印象中，我们是先学拼音，然后是按照拼音学句子，从句子中挑出生字、生词记下来。可见，我们不是孤立地背词或字，还是从课文中来，回到课文中去。同样，英语也要以句为单位学习，而且最好知道这句话在什么情境下应用，所以绘本很适合孩子启蒙。

我在女儿 3 岁半的时候，做过一个小小的测试：我把每天女儿在幼儿园里学的单词在一张巨大的纸上写下来，贴在墙上，编上号。女儿受到鼓励，每天回来告诉我学习了什么词，最后竟然在很短的时间内积累了 200 个单词。中间由于我出国读研究生而中断。回国后，我和她交流英文，也没有再每天重复墙上的单词，当我把这些词再拿出来的时候，大多她已经忘记了，显然我做了无用功。一年多以前，女儿能读下来 200 个单词，也知道意思，看来她靠的是瞬时记忆，并不真正理解。如果不能持续学习并理解，最初记住的就随着岁月流逝而忘记了，那英语启蒙时记单词也就是无用功了。

我还注意到女儿的另一个现象，她从小就喜欢看《维尼小熊》，我就买了这部动画片的碟片，让她练习英文，但没想到，我不在家时，她不会调，所以就看了中文版的。有一天，我在家放英文版的，动画片里说一句英文，她说一句中文，我以为她都听懂了，后来我单独问动画片中出现的英文，她并不懂。从中我了解到，女儿先入为主学的是中文，再看英文已经没有意义了。

有一段时间，家里请了一位外教 homestay（住家）。女儿和外教学了 3 个月的英文，最初女儿基本不能和外教交流，每天外教说很多英文，但是她听不懂，基本是外教说外教的，她做她的。在这种情形下，我不得不采取行动，介入外教与女儿的学习。我每天和外教沟通让他如何教孩子，比如确定什么样的主题学习，学哪些，而且我每天用不同的场景告诉孩子为什么说这句话，比如，我经常让孩子去请外教吃饭，时间长了，女儿慢慢就知道了吃晚饭时会说的英文。孩子记

farmmarket 记得最清楚，因为外教经常和我妈妈一起去菜市场买菜，我告诉孩子 farmmarket 就是菜市场，所以每次她就当姥姥的翻译，她感觉非常有成就感，这个时期她的英文取得了飞速的进展。和外教朝夕相处的 3 个月，为她的英文奠定了良好的基础。

我在英语教育方面的思路就是自然习得，小 C 很少认为自己在学习，而是在玩。尽可能营造英文环境，在不同的故事、不同的场景、不同的歌曲里熏陶，自然而然地，她慢慢形成英文的思维，慢慢接受英文故事、绘本、教材。初级阶段，喜欢看，喜欢听，喜欢玩；中级阶段，喜欢读，喜欢看；高级阶段，爱看，爱听，爱表达。

我在给孩子做英语启蒙方面有几点感悟：①孩子不喜欢单调的句子，这些句子必须有背景、有场景。②孩子们很多时候不喜欢单独说英语，单独说时声音很小，但我和她一起说，她的声音就很大，那是因为她还没学会，要是学会了，就喜欢表现了。所以先鼓励她和我一起学习，再鼓励她独自表达。

自然习得很快乐，给予她鼓励，她就会感到有兴趣。当她很自信，她就会进步很快。对孩子的英语启蒙不急于求成、循序渐进、寓教于乐，慢慢将兴趣转化成知识积累，慢慢将知识内化成能力，孩子就慢慢掌握了学习英语的窍门。

写于 2011 年 11 月 16 日

心灵沟通最快乐

女儿小 C 马上要上学了，这个暑假她的小屋仍然像鸡窝一样乱作一团，我真想帮她收拾收拾。去了几次，根本无从下手，又返回来了。她的屋里就像超市一样，到处是她喜欢的小物件，样样都珍贵，面对一屋子的“金银财宝”，我忍了忍假装没看见，闭着眼睛离开了，随她吧……

昨天小 L（小 C 的好友）和小 C 在家中看英文电影，小 L 说她不想看了，我说那你画画吧。我问女儿是不是还要看电影，她迅速不耐烦地说：“不看，不看。”接着准备画画的东西，忙着当“东道主”，一会儿给小 L 拿水彩、一会儿给小 L 拿纸，一会儿问小 L 坐那里好不好。小大人的样子甚是可爱，逗得我笑出声。她疑惑地看着我说：“妈妈，有什么值得笑的事吗？”我说：“没有，没有，妈妈不打扰你们了，你们好好画，多出成果。”这两个小伙伴画得特别开心。

其实我知道这些英文小电影是小 C 最爱看的，这会儿有了小 L 的陪伴，一下子就“重友轻影”了，随她吧。

等小 L 走后，和平时一样，留下了一个烂摊子，我大声说：“小 C，你马上把画画的东西收起来！”“好的，尊敬的妈妈大人，马上！”然后收拾起来。我一看她收拾，就回到书房做自己的事情。

等晚上我出门，看到只收拾了一半，又不知她做什么去了。我大声说：“小 C，把你画画的东西给我收起来，别什么都打开，都不收拾好又去玩别的。”话音未落，马上听到回应：“好的，尊敬的妈妈大人，马上……”

第二天清晨，我们吃饭时，我看到饭桌上还放着一个颜料。我准备大声呼喊，小 C 一个箭步冲上来：“尊敬的妈妈大人，马上收起来……”

哈哈，尊敬的妈妈大人，尊敬的妈妈大人，尊敬的妈妈大人……好吧，我没有再发作。

这样的趣事比较多，日子里的“平平常常”让我无比快乐，我不喜欢训斥她，更愿意选择互相欣赏，我希望能够与小 C 保持信任的朋友关系。

从小到大，我愿意与她平等沟通，接受她不同年龄阶段的语言、行为，并尝试着理解她这个年龄会做的事情，适应她的生活节奏，便于更好地理解和引导她。

孩子还小，她能够自主收拾屋子的能力较弱，她随意随性地生活着，满屋子摆着她喜欢的白雪公主、七个小矮人、微型小桌子、小椅子等。在父母看来，这些微不足道的、应当扔掉的、毫无价值的小东西，占领了他们成长阶段全部的身心，在他们眼中弥足珍贵，我们作为父母不应当无视，要懂孩子。面对满屋子凌乱，我用宽容给予回应，那些她喜欢的小东西我都保留了，让她能够心满意足地与她的小东西快乐地在一起。

孩子与父母之间的趣事、趣话非常多，孩子经常会用意想不到的方式与父母沟通，这种搞怪式的沟通方式属于孩子与父母之间的美好回忆。父母要体会这种沟通的有趣性，而不要为了实现自己的教育目的，采用权威、专制、呆板的方式，用晦涩难懂的语言不依不饶训斥孩子，让孩子心生敬畏而不敢再和父母用有趣的语言沟通，从而远离父母。

对于女儿小C，我不愿做高高在上的妈妈，小C的个子还小，我更愿意俯身与她在一起。我不愿做聪明无比的妈妈，小C的知识有限，我更愿意用平实有趣的、她能够听懂的语言与她沟通，做朋友。我不愿做严格要求的妈妈，小C的生活已设限太多，我更愿意让她在我这里体会更多的宽松、不受限、理解、支持。

写于2012年8月14日

妈妈，我不想上学

一、上小学前的小抵触

“妈妈，我不想上学。”女儿小 C 说。

“啊，你不想上学，为什么？”

“因为小学管得严，我不想被管得严。”

“你听谁说的，上学是一件很有意思的事情，比如我们出国玩的时候，你不知道地理位置，上学后地理老师就会教你；比如打雷什么的，自然课会告诉你原理。真的挺有意思的，我上过学，我很喜欢学校，也很怀念上学的日子。”

“你的朋友说的，说小学就是管理严，可不像幼儿园了。”

“他们喜欢你，就和你逗着玩，别当真，管理严是对那些调皮的孩子，像你这样乖巧懂事的孩子，你会觉得管理太松了，而且我还会给你买新书包、新文具盒，你会在学校找到很多乐趣，你还会交很多新朋友。”

女儿小 C 没再理我。我心里暗想：哼！还没去就不想上学，被吓唬住了。女儿遇到困难就喜欢找借口绕着走，这会还没遇到困难，就先做心理准备绕着走了。

二、上学一个月后的小磨难

为了让孩子尽早适应小学，我尽可能保证在前一个月里每天早晚都接送她。我总是一上车就和她聊天，了解她的思想状况以及在学校的一些情况。

第一周，有点儿兴奋，高兴地说学校的事。第一周结束的时候，我问她，你觉得如何，她说：“上学还行，就是有点儿累。”

第二周，明显感觉兴奋少了，然后告诉我有点儿累，也告诉我大部分小朋友都上过学前班，上课学的东西他们都会，她不会，说的时候想哭。

我说：“你没上过学前班是好事，这样能提醒自己更加努力，从一年级就培养学习难知识和没学过的东西的能力。他们上过学前班，都学过了，又有什么意思呢？丧失了学习能力。你现在需要的只是找到方法，然后比他们更加努力，这样你就能很快追上，而且越追越快。”她点了点头，决心更努力。

次日，放学回家后，她又哭了，和我说：“妈妈，某某得了 6 个小贴贴，我只得了 4 个，因为他上过学前班，还有某某会下围棋，而我不会。”

听得我心里难受呀，觉得好心塞，这才一年级入学第二周，孩子在班里就有了攀比，孩子的自尊心和自信心受到了小打击。

我在反思自己当初的决定是不是错了：我不让孩子上学前班，没让孩子学习太多的业余课程。

我又劝了小C半天：“没事，每个人都不同，他会下围棋，你不是还会画画、跳舞；再说，某某上过学前班，多会一点儿，我上次和你说过，你是追的过程，你不用在意，你会越追越快。”

晚上，她要求姥姥把幼儿园的被子拿出来，放在自己的小床上回忆幼儿园的美好时光。我看着，有一点儿心酸，又反思是不是我让孩子晚上学一年又错了，为了让女儿享受幼儿园的生活，我多让小C上了一年幼儿园。又因为她能力强，在幼儿园里一直是小班长的角色，而且毕业时主持了学校的“六一”儿童节庆祝大会，她觉得幼儿园的生活非常快乐，老师们也都非常喜欢她。

我后悔地想，是不是孩子的落差很大，小学老师不再像幼儿园的老师们关注得那么细致，身边又都是上过学前班的同学，她自然有一种不如别人的感觉。我开始后悔自己当初的很多决定。

又过一日。“妈妈，我和你说，我被选为英语课代表了。”“真的啊，那你不错呀！”“还行，老师说我懂得很多，发音好，让我带着全组同学进步。”“噢，那还不错，你努力吧。”“但我不想上学。”“为什么？”“上学太累，没有自由。”“你当上了英语课代表，多快乐呀！你可以带着全组同学进步了。”“那拼音都不会呀！”

第三周依旧。

第四周放假了，国庆节的假期，我把她从学校接回来。到家后，告诉她可以休息 8 天，她突然狂跳，大声地喊着，兴奋程度我从未见过。

享受了 4 天的国庆假期生活，老师发来短信：“各位家长，孩子们休息得不错吧，请完成一张中秋的绘画作品，开学交，如果能完成电子小报或者其他形式更好。”

好郁闷，我不想告诉女儿，最终还是说了。女儿还比较开心，很快完成了作业。

三、上学第二个月的小挫折

10 月 8 日，国庆假期结束了，我开始投入紧张的工作，女儿也投入紧张的学习生活。放学的路上，我问女儿：“今天你开心吗？”

“妈妈，我告诉你，我不想上学，今天我被人打了。”小 C 说。

“谁呀？”我问。

“某某，他是故意的，吃饭排队时，我被推倒了，摔在地上。”小 C 说。

“那你注意点儿，我觉得如果是故意的，那你要重视，和老师说清楚，必须让他向你道歉，他才会意识到故意推倒别人是不对的。你再观察观察，如果这种事再发生第二次、第三次，我也很有必要找找你们老师。如果不是故意的，就算了。”

“那好吧，再观察观察。”

“妈妈，还有一件好事，我的画获得了一等奖。”

“那你真不错！老师如何说的？”

“就是下午上课，老师开始一个个展示作品，快展示完了，没有我的画，我以为没有我的。没想到老师让我上去，然后说，你们看看这张画，这才叫经典，这个是一等奖，色彩多鲜艳，画得多好。”

“真不错，看来，你没白努力画呀！那你还不想上学，都获一等奖了。”

“不，即使获得了一等奖，我也不想上学。”

第二天早上：“妈妈，我不想上学，我真的不想上学。”

我心里一惊，想起她昨晚告诉我被人打的事情。“你为什么不想上学？”

“就是不想上学。”

“那你想做什么？”

“我想每天在家里吃吃喝喝睡睡。”

“那你这样如何生活呀？你吃的东西也需要用钱买，谁会给你钱呀？你上学，也是为了将来有份工作，你要老在家待着，你哪里有钱吃饭呀？”

“那我不知道，反正我就是不想上学。别说了，我在车上睡会……”

一路上，小C一句话也不再说，默默地到了学校。我送她过马路，回到车里，远远望着她，大喊：“C，妈妈很爱你，开心点儿，晚上还是我来接你。”

她看着我，没有表情，背着书包走进了学校。晚上我接她上了车，她又说：“妈妈，我不想上学，我和你说过了，我不想上学。”

我不再接这个话，不准备再提这事。

到家了，进屋之后小 C 说：“妈妈，有个好事，我忘记告诉你了。我们考试了，我得了 100 分，老师说得 100 分的留作纪念，试卷留下了。”

“真的呀，英语吧？”

“不是，是拼音。”

“哟，你如何做到全对的？不容易，我以前总是马虎，得不了 100 分，可你却不马虎，你和我真不一样，你还真有点儿小办法使自己成功。”

“还行吧，认真检查，不难。”

“那多少人得 100 分呀？”

“一半吧。”

“噢，那看来你不用上学前班，只要更加努力就行，因为他们上过学前班，总认为自己都会，而你没上过，你就会更加努力，还会更加仔细，对不对？妈妈准备看会儿书，你也需要复习当天学的课了吧？”

“我要画画……”

“啊，这么晚？”

“我喜欢画画嘛！”

“那好吧，我帮你夹好纸，你画吧。别打扰我，我也不会打扰你，好吗？”

“好的，妈妈。”

四、小C上学日子的教育随想

拭目以待女儿第二个月的小学生活。我亲爱的C，这么小，也开始做无奈的事情。谁说教育可以随性，孩子也不想上学，有的时候，好像接受无奈也是一种锻炼。

教育的真谛是不是还包含培养孩子的自信，减少孩子的挫折感，正确看待挫折感?

画画带来了自信，英语带来了自信；不被人关注带来了挫折感，不如别人带来了挫折感。如果我们教育她的时候，没有关注这些，只是一味地关注成绩，不给鼓励，孩子会如何发展，会不会变得越来越差?

另外，每个孩子都有自我的表现，这些表现都有迹可循，你是不是倾听过他们的内心和他们的故事？我给自己的要求是：无论多忙，还是要保证和她有对话的时间，有倾听的时间，帮助她看到她看不清楚和不理解的事情，也顺便告诉她，妈妈很爱她，妈妈支持她，妈妈是她的好朋友，可以帮助她。

五、小C真的不想上学了

出差几天后，回到家里，女儿开心极了。第二天送女儿上学，她快乐地看着我，我也心满意足地看着她，觉得她美丽可爱极了。

“学校有没有高兴事？”

“没有，我写字太慢了，我同学写得特别快，一会儿就写完了，我写得特别慢。”

“慢就慢吧，你不用着急。不过我确实觉得你写得慢，你就一笔写下去中间不要停，写完多出时间你好玩呀！”

“可我就是写不快嘛，写得快了也写得不好呀！”

“写东西就是练习的过程，熟能生巧。”

“妈，是不是迟到了？”

“没有，不算太晚，7：30 能到。”

“7：30 晚了。”

“噢，那好吧，以后我们每天 6：55 下楼，7：20 肯定到学校了，你想早点儿到学校是吗？”

“是，不过我不想上学。”

“为什么？”

“以前姥姥给我讲过一个故事，说一个孩子就是不喜欢上学，她就不上学，后来她也成才了。”

“什么时候讲的，我没听过呀。”

“以前姥姥讲的。”

离学校越来越近，“我不想上学，我想在家陪姥姥。”

“那哪行呀，你在家陪什么姥姥呀，姥姥希望你上学。”

“不想上学，就是不想上学，我想回家……”小 C 哭得泣不成声。

“小 C，你忘了，当时你上幼儿园时，你就说不想上幼儿园，后来不也慢慢融入了，还特别优秀。现在你又说不想上学，我觉得你肯定会喜欢学校的，学校里面有好多老师、同学，多好呀！”

"我不上学，我回家陪姥姥……"

"你下来，妈妈还要上班呢，车子也不能停在马路上挡道呀，你下来，快下来……"我生气了，大声让她下来。

"我不，我不！"

"你下车，先下车，你不下车，会越来越晚，饭都吃不上了。"

"我不，我不上学……"

我把她从车上拖了下来。

路上遇到了她的同班同学，一个男生。男生说："你今天怎么了，哭什么呀？"小C不理不睬的，被我往学校里拽。

我回答那个男生："她有点儿晕车了，没什么事，一会儿就好了。麻烦你先进班里，帮我告诉老师一声，说她晕车了，一会儿就到。"小男生跑走了，热情地向老师说明情况。

小C一边哭，一边走。终于到了教室，老师耐心地听着我讲了孩子的情况。等我和老师说完，又不放心地再次把头伸进班里，看到小小的她假装拿书，脸上泪水不断流下来，擦一些又流下来，我难受地离开上班去了。忙碌的间隙，眼前好像又重现她哭着的小脸，我一直在想，我应当如何帮助小C呢？她到底为什么不愿意上学呢？

忙碌、难挨的一天结束了，我急迫地开上车，穿过车水马龙，见到了惦记一天的小C。

六、"我爱上学奖"

"小C，妈妈送你一个大礼物，你看好多好多精美文具。"

“妈妈，我爱你，你太好了。”

“喜欢吗？妈妈特意给你买的，礼物的名字就叫‘我爱上学奖’，妈妈鼓励你天天上学校，而且以后这些文具陪伴你，就好像妈妈陪你一起上学，代表妈妈和你一起战胜困难。学习中的任何困难，你都别觉得难，都有妈妈陪着你，遇到难题，咱们一起解决，好不好？上学不怕困难，以后我们再也不哭了。”

“噢，这个东西是什么，真好玩，真有意思！”

“先别看文具，妈妈说的话听见了吗？”

“听见了，以后有妈妈一起帮助我战胜困难。”

“对，所以妈妈就送你这个大礼物。另外，里面有一个文具盒，你要不要送给大雄，因为大雄对你好，而且这个文具盒很适合男孩子用，好吗？”

“好吧，妈妈，这个真漂亮，这个真好，妈妈你看你看，这个有橡皮，妈妈你看还有画笔。对了，妈妈，忘记告诉你一件开心的事情，我英语得了 100 分。”

“啊，你又得了 100 分呀，我以为你得 90 多分呢，你不是说你考得不好吗，那你开心吗？”

“开心……”

“那要是得 90 多分，你开心吗？”

“不开心。”

“噢，每个人都有长项和短项，不一定样样都好，别人比你好，也很正常呀，不一定你总得 100 分，也不是你哪门都会得 100。”

“噢，知道了。”

到了家，我帮助她把礼物拿上楼，她开心极了，高兴地玩起来。天色渐晚，爱人打来电话，告诉我婆婆的手术成功，晚上不回家了，要陪床，可怜的小C今天晚上又见不到爸爸了。我和女儿说：“快去睡觉吧，明天我们早点儿起，不迟到，一起去上学，好不好？早点儿睡，妈妈爱你。”

“好的，妈妈。”

回到书房，写下了上面的文字。我亲爱的小C，你会爱上学校的，妈妈会帮助你爱上学校的，你会找到自信和你自己的位置。明天的路上，我想给C讲一个故事，那个故事是关于如何战胜困难的，但不知道这个故事能起多大作用……

写于2012年8月至12月

幼小衔接问题及应对策略

从幼儿园过渡到小学一年级的半年时间是孩子很敏感的时期，特别是对于没有上过学前班的孩子，更是一个关键的时期。这一阶段是孩子从幼儿步入儿童的过渡期，家长心理、孩子生活的外部环境、孩子的生活作息、应对学习的方法以及老师的教育方式等方面都有了极大的改变。如果孩子还没有做好从一个幼儿马上转变为儿童的心理调适，心理上还不能从容面对新环境，会出现惧怕上学、孤独、厌学等情形。

一、幼儿到儿童过渡期发生的改变

1. 家长心理及要求变化

很多家长都出现了从幼儿的无限宠爱到小学生的严格要求的心理变化，总觉得孩子上学了，不同于幼儿时期，幼儿时期以玩为主，没有真正意义上的学业要求。

大部分家长在孩子上小学后，都会提高各方面要求，往往忽略孩子刚刚从幼儿园毕业，孩子自己也是茫然无助的。家长常常感觉孩子长大了，应当对孩子提出学业和自立的要求，期望值高的家长更会特别看重孩子在学业和自律方面的表现。上学后，家长们更喜欢和老师交流的话题变为孩子成绩如何、纪律如何，如果老师反馈孩子“学习好”“听话”，家长就会觉得自己的孩子很好，往往对孩子在过渡时期的心理关爱很少。

家长和孩子的交流沟通更多的是，作业完成没有，上课听讲是否认真，强调孩子是一名小学生了，不能像上幼儿园时那样只知道玩了，给孩子提一些更高的要求，耐心较之幼儿时期明显减少很多。

大部分家长忽略和孩子沟通交流关于成长中如何应对“改变”的话题。这一阶段的孩子很难意识到自己已经发生改变，很多孩子很焦虑，抗拒上学，内心无法从容地面对改变。

2. 外部环境变化

学校的布置环境有所改变，幼儿园常常会以暖色调和随意轻松的布置为主，教室里以低矮的小凳子和软软的地毯为主。上小学后，学校以安静、整洁的白色或素色为主，每个孩子有一套桌椅用于学习，大部分学校仍然会选择铺设普通的瓷砖或地板，相比幼儿园更彰显以“学”为主的外部环境布置，实现从“学玩”的环境布置转变为“学静”的外部环境布置。小学这种环境让孩子感觉更多的理性、严肃的氛围。幼儿园操场以滑梯或其他软布置为主，小学则以跑道和正常的体育器械为主布置。孩子们一下子从幼儿园的“暖”环境到小学时期的“冷”环境，没有那么多明快的色彩，没有那么多游戏照片，取而代之的是更单一的色调和学习的“冷”氛围。

3. 孩子的作息时间调整

孩子在幼儿园的时候，中午常常安排午休时间，每节课的间隔时间也较短，晚上没有学业任务，常常较早就能休息，保证 9 ~ 10 小时睡眠。如果幼儿园有作业，爸爸妈妈常常齐上手，集思广益帮助完成。

上一年级后，每节课的时间是固定的，课程较为丰富，难度也比幼儿园时增加。大部分学校没有午休时间，孩子们的作息时间较幼儿时期更紧凑。孩子们往往还没有从幼儿时期的作息规律中调整过来，小学教师往往存在忽略孩子们改变幼儿作息时间过程中产生的心理适应和习惯适应问题。

4. 孩子自身的变化

孩子在幼儿园大班时独立思考、独立处理事物的能力有所增长，但仍然需要更多地依赖老师和保育员的照料，老师们也给予孩子更多的关注和指导。进入儿童时期，孩子从身心的角度并没有完成到儿童时期的过渡，而是随着外部环境的改变逐步地过渡和接纳改变，在过渡与接纳过程中，产生了适应和不适应的心理和行为。

二、幼儿到儿童过渡期的调适应对策略

策略一：这时候特别需要家长与孩子沟通交流，给予孩子更多的关爱和安全感，让孩子理解自己从幼儿到儿童发生的改变，也可以让

孩子自己说出他们经历的改变，让孩子自己分析这些改变使孩子的生活和学习发生了什么改变，孩子如何应对这些改变。分析和交流的过程，实际上是孩子认识和适应新环境的过程。通过沟通交流，让孩子切实认识到发生的改变是客观存在的，然后更好地适应过渡期。

策略二：要提前与孩子沟通幼儿园和学校发生的一些改变，改变的原因以及应对改变的策略，对孩子的成长要有正确的认识。

策略三：保证孩子晚间的睡眠，特别是在小学三年级之前，不能让孩子熬夜。熬夜对孩子的大脑及身心都会造成伤害，甚至有时候会让孩子出现生物钟的紊乱，严重者还会出现植物神经紊乱等。

策略四：孩子正在长身体，作为家长，要提供科学、营养的餐食，让孩子参加足够的户外活动，以保证孩子身体健康发育。

孩子们在悄然改变，也在自主完成心理的成长过程。作为家人和教师，要从外力上给予帮助、理解，特别是在情感上安慰，进行心灵引导，一边帮助孩子理解成长，一边帮助孩子提高独立应对变化和挫折的能力。

切记不要让孩子觉得自己是条笨鱼，告诉孩子在这世界上需要各式各样的鱼，世界上根本没有笨鱼，更没有笨孩子，要找到适合自己的发展方向！让我们在教育孩子的路上共同探索、前行！

写于2012年12月19日

如何引导孩子自主阅读

孩子上学了，我多么希望她能在知识的海洋中畅游啊！我告诉她读书的快乐，给她讲读书多好，她根本听不进去，像个皮猴一样，坐那儿没几分钟，就做别的事情去了。我花了好多钱给她买了精美的书，希望能吸引她。她每次拿到书翻翻新鲜，根本不看故事情节，就扔在一边。对此，我非常苦恼。

突然，我想出一个好主意。我画了一个大大的温度计，挂在墙上，同时我找到一本薄一些的书，名字叫《小羊过河》，看她今天读不读。

等她放学回家，她问我："妈妈，你为什么在墙上画个温度计，是什么意思呢？""这个叫阅读墙，就是如果你能认真读一页书并讲出来，就可以用彩色的笔在温度计上填格，填格就代表阅读的成绩，温度计填的格越高，代表你读的书越多。"小 C 显然对此很感兴趣："妈妈，咱们现在就读吧？"

“现在就读，这么着急？”

“妈妈，我要读，我要读。”于是她拿起《小羊过河》，很快就读进去了，还读了整本，在阅读墙上涂了颜色和格子，特别高兴。

读完以后，她和我说：“妈妈，以前我不知道书这么有意思，那只小羊过河时很害怕，它后来勇敢地战胜了自己，很有趣。咱们继续读另一本吧？”

“今天妈妈累了，不想读了。”

“那你休息，我读吧。一会儿读完，我就在温度计上画格，可以吗？”

“可以。”

我偷笑着，回屋里“高枕无忧”去了，她慢慢地开始自主阅读。虽然后来我们坚持得不好，被各种事情耽搁了，但这无疑是个好方法。培养孩子自主阅读的能力和习惯，不一定说教她，可以引领她，采取一些智慧的方法。当然，引导每个孩子的方法不一样，父母要去寻找。

小 C 的学校管理非常严格，经常发短信告诉家长：“下周要进行英语测试了，请家长督促孩子……”“下周要语文测试了……请家长督促孩子……”看到这些短信，我挺想帮她，让她考得高分。但转念一想，我现在就帮她、辅导她，什么时候是个头？我假装不知道，也没把短信转发给爸爸，只是想看看她自己的情况，能考多少分。没想到的是，她竟然在很长时期里总是得 100 分，搞得我也再没热情管她。上学前紧张得要命，准备把全身力气都用在培养她的好习惯上，让她每天预习、复习。后来发现，上学根本没作业，每天还是玩，快乐地玩……

很多人问我“你管孩子吗”，我说管得不多。仔细想想，这句话非常不准确，因为我只是表面上不管孩子，其实非常关注孩子，但我关注的是孩子的心理变化，学习的动力、学习习惯及能力的培养等方向性的把握。而且随着年龄的改变，我不断地调适方法和管理的范围与深度，但具体到学什么、辅导什么，我关注的并不多。我总是花费很多时间和孩子聊天，聊学习、聊生活、聊她的课外班等，主要是为了观察她、了解她，便于更好地引导她，不是为了管而管，是为了引导而管。只抓方向，很少管具体。通过实践，我感觉这种抓大放小的管理方式对提升孩子的自主学习能力很有好处。

写于2013年6月15日

第三篇　乐教正其时

在每个孩子心中最隐秘的一角，都有一根独特的琴弦，拨动它就会发出特有的音响，要使孩子的心同我讲的话发生共鸣，我自身就需要同孩子的心弦对准音调。

——苏霍姆林斯基

03

生命安全教育大于天

其实孩子对生命是有认知的，需要尽早正确引导，珍爱生命，远离危险。也要告诉孩子，生命不仅属于他们自己，也属于整个家庭，属于整个社会，因为生命安全是家庭幸福的基石，没有了基石，其他都是零。

2013 年 6 月 28 日（女儿 8 岁左右），她听到一则新闻，是关于两个小孩被关到屋里导致死亡的新闻，她小脑袋想了很多……睡觉前和我说："妈妈，我老想着，2013 年 6 月 28 日过去了就永远没有了，永远回不来了，我以前以为时间可以轮转呢。还有我的同桌说人总会死的。"说的时候她脸上带着伤感和遗憾。

我一直在想，在生命安全和生命教育中，我们能为孩子做些什么？

我小时候看见邻居小姐姐长得非常漂亮，一双好大的眼睛，可是有一只眼睛却是混浊的。我问妈妈，妈妈说是因为她小时候眼睛不小心被针扎伤，正好扎在眼睛的中央，从此光明失半，人生轨迹改变，命运惨淡许多。

小学时，音乐老师教我们唱《大海》这首歌：“小时候，妈妈对我讲，大海就是我故乡，海边出生，海里成长……”学了一段就停了，因为班上一个女生的哥哥捉蜻蜓时掉入河中失去生命，女生和她妈妈住在学校宿舍，一听到这首歌就泪流满面，伤感至极。

上了初中，大哥有一次晚间与小伙伴回家，由于没有照明掉入了没盖的窨井，摔得鼻青脸肿，腿也受伤了，休息了3个月才恢复正常。此后，社会上“井盖事件”也屡见不鲜，让人心生恐惧。

我当老师的时候，一个曾经教过的高三学生，竟然在骑车上学的路上被一辆大卡车撞倒。因为卡车有视线盲区，司机没有看到骑车的学生，虽然该学生躲闪快，捡回一条命，但骨盆粉碎性骨折，人生也从此改变。

网上能搜到一则几年前连环杀人事件的新闻，罪犯为了满足变态心理杀害了17名少年。这些少年毫无自我保护意识，第一次见面，就跟陌生人回家，结果惨遭杀害。

新闻频频爆出各种由于父母粗心或各种设备设施不够人性化设计，导致孩子被烧伤、烫伤、坠楼事件。这些事件一直敲击着我的心灵，直触我的神经，让人心生痛苦。

生命安全教育是我一直深深思考的问题。我早早开始关注生命安全教育，但关于如何给予孩子们最好的生命安全教育，竟然没有一个完整的方案。

为了减少影响孩子生命安全的事件发生，我想作为家长和教育工作者，我们有责任做到以下几点，让意外少发生，让更多的孩子远离危险，让世界多一些美好。

一、要有时刻开展生命安全教育的意识

认识到孩子的生命和安全大于天，在尽可能的情境下给予孩子必要的生命安全教育知识，提高孩子们的安全意识，要有防备之心，要有珍爱生命、时刻保护自己的意识。

生命教育属于全人教育、终身教育范畴，贯穿一个人的一生，且涉及心理和生理，既有生命安全的防护，也有生命安全的心理能力建设，更有生命意义和价值的追寻教育。

二、教会孩子一些有效的策略远离危险

在提高孩子防范意识，拥有珍爱生命、保障安全的意识之后，还要掌握一些策略，将近些年生命安全教育的典型案例制成小册子，帮助孩子了解这些典型案例，同时教会孩子一些防范的策略。

例如，天黑不要单独出门，或者去危险地段要结伴而行；比如在用电、用水、用火等方面的注意事项；比如交友、面对社会人员以及校园欺凌事件时的应对策略；比如处理学业、人际、身体成长等方面烦恼的策略；等等。

总之，从意识方面帮助孩子提高，从行动方面帮助孩子解决。

写于 2021 年 12 月 20 日

我和小C的碎碎念

女儿小C7岁时，我记录下的美好快乐时光。

一、感激

“妈妈，你的眼睛和嘴真可爱，你的眼睛笑起来为什么就眯成一条缝了呢？哈哈……我要把这句话告诉姥姥，太逗了吧，哈哈……”

小甜心用她传神的双眼望着我，一边乐，一边说，跑去告诉姥姥。甜心总是在不经意间说点儿好玩的事情。“另外，今天还有件事很感谢您，妈妈，因为您给我的英语记录本上填记录，所以老师给了我印章，还因为有印章，让我挑选了自己喜欢的小贴纸，谢谢妈妈！”

说得我多不好意思，很多次忘记给她做英语记录，老师要求每天听、每天记，我由于粗心，一个月过去了才给小甜心记上，无奈记不住日子，就瞎写了很多，小甜心却还感激我，这个当妈的真脸红！

二、贴心

周六到了，小甜心因为休假，就开心得在屋里跳起来，而且在沙发上、地毯上打滚，还把小手放在我的大手上，我俩配合着跳起来，表达我们对周末的期待。她的笑容美极了。

我写着文章有些渴了，就对小 C 喊：“C，能给妈妈拿杯水吗？”

“嗯，好的，妈妈，哪个杯子？”

“就那个花杯子。”

“咦，哪个杯子？没有啊。”

“就是那个，盖了个白盖，青花瓷那个。”

“没找到啊。”

“就是那个……”

我一起身，发现让小 C 帮我拿的杯子就在自己的电脑旁边，不好意思地笑笑，向小 C 说：“sorry，我忘记我拿过来了。”

“妈妈，没关系的，有事你再找我。”

可爱的小甜心，真贴心！

三、猜谜

小 C 眼睛眯成一条缝，“妈妈，‘穿皮袄，耳朵长，尾巴小，三瓣嘴，胡子翘，一动一动总在笑’，你猜是什么？”

“什么？你再说一遍。”

小 C 重复。

“噢，听清楚了，不知道。”

她拿出一个小瓶，上面有只兔子。“就是这个，是个兔子，哈哈，就是妈妈，妈妈就是兔子，哈哈……”

“你再说一遍。”我低下头，笑着看着她，她个子有多高，我就蹲多低和她齐平。她乐成花，我就这样蹲着，两人面对面，两个人笑成花。突然间，她亲亲我的额头，又亲亲我的脸颊，又亲亲另一面脸颊。我立刻说：“好甜哟！”

我接着问：“C，你说你和谁最亲？”

“和妈妈。”

“对了，你真聪明，因为妈妈生了你。”

“对，所以就和妈妈最亲！”

小小贴心棉袄，她用她的方式表达对妈妈的爱，我用我的方式写下日志，表达我对她的爱！

四、陪妈妈睡

“C，今天爸爸值班，你可以和妈妈一起睡呀！”

“可是，妈妈，姥姥让我刷牙，但是我有点儿困了，不想刷了。”

“你不想刷牙，那就不刷，可以不刷牙睡觉，你在妈妈这里可以偷懒。”

“什么意思，妈妈？”

“我就是和你说，你在妈妈这里可以不刷牙，可以偷懒，因为我是你妈妈，可以惯着你。”

小C欢呼一声，钻进了被窝，“妈妈，你能不能帮我和姥姥说，我和你睡了，因为我已经钻进被窝，我困了。”

“那好吧，我帮你和姥姥说，没问题，你放心睡吧。”

“噢，那知道了。晚安，妈妈。”

10分钟过去了，仍然没有睡……

“妈妈，明天我给你看样东西，是个大印章。”

“好的，明天我看，你睡吧。我去和姥姥说，你睡这儿了，放心吧。”

“不是，你要告诉她，我是陪着妈妈睡了，不能只说睡这儿的这句话。”

“噢，好的。”

“你还告诉姥姥，如果她想我的话，我就会去找她。”

正说着，姥姥来看她了。

姥姥问我：“C睡着了？”

“没有，她想在我这里新鲜新鲜，睡我这里了。”

“妈妈，我是海里的鱼，我很新鲜，我要出去了，要不喘不了气呀，这就叫新鲜新鲜！呵呵。”她笑得仿佛自己就是条小鱼……

愉快的一天结束了，小甜心美美地睡了，一定会梦见上学时候老师给的小贴纸，因为她就在意小贴纸，每一张都藏得好好的。那些贴纸就是老师给的满满鼓励，在梦中也笑着享受老师的这份鼓励和笑脸。

写于2012年11月2日

小黄帽向妈妈亮起小黄灯

早上小 C 因为没戴小黄帽，到了大悦城时就哭起来。“坏了，今天又没戴小黄帽，昨天没戴，前天也没戴。”我对她说：“没戴就没戴，下次记得就行。你刚刚上学，很多事情一下子安排得没那么完美，我帮你和老师说明情况，老师一定会理解你的。”她没理会，一个劲儿说：“老师说戴上小黄帽就是小学生了，多威武、多安全！而且每天放学，大家都戴着小黄帽一起放学，多好！”

我理解她一定是因为和大家不同而感觉远离了集体，失去了集体归属感。此时此刻，她满脑子都是不戴小黄帽的后果，我觉得她想象的糟糕程度超过了这件事情本身。我劝她说：“没关系，别再想了，在这里哭没有任何意义，哭也不可能把小黄帽变出来，事已至此，应当考虑下次如何注意避免再发生，不用想那些没用的了，而且不戴并不是严重得像你想象的那样，老师们都能理解。”

她勉强答应。然而，过了不到1分钟，她又念叨小黄帽。到了校门口，由于送孩子的车太多，我把她放在离学校较远的地方，让她自己去学校。之后我缓缓开动车子，仍然不放心地用眼睛瞟了瞟她，发现她一边哭，一边在学校外面徘徊来徘徊去，就是不进校门。无奈，我再次下车，迎上她，问她为什么不进班里。她一言不发，不提小黄帽的事情，也不进班里，往马路上一站，不说话，眼泪一直掉……10分钟过去了，还是这个样子。

无论我怎么劝她，一点儿作用也没有，我猜想可能她满脑子都是小黄帽。我才意识到，如果一个孩子满脑子是自己认准的事情，别人说什么都没用，她听不进去。后来我气急了，非常大声地告诉她："不要因小失大，快去上学。"她还是什么都不说。她的沉默和无动于衷把我逼到了极限，我像一个多余的人站在校门口，虽然在孩子的眼里，只有我这么一点儿希望了，好像她不戴小黄帽的事情都指望我来解决了，可是我一心指望着她不再想这件事情，不把它当回事。我们的心里互相期待着对方改变，我无法取回小黄帽，便倔强地告诉她改变想法，去上学，不戴小黄帽不算大事；孩子一直倔强地等待我给一个没戴小黄帽的解决办法。最终，我的两个同事走过来，劝了她两句，帮她找了个台阶下，她才进学校。

回到单位食堂，我同事说我带孩子太严格，问我为什么不给孩子拿小黄帽，说她才是个7岁的孩子。我一直觉得孩子戴不戴小黄帽是她自己的事情，我可以帮她想着，但不是替她拿。在我心中，确实以为孩子上学至少要把老师交代的事情记清楚，正是这种心理在作怪，上学以来，孩子的具体事情我管得很少，总是笼统地问她，东西都带齐了没有，作业都完成没有。孩子倒是做得也不错，慢慢增强了责任意识和自主意识，自己收拾书包、自己削铅笔、自己睡觉。

然而，小黄帽的事情向我亮起了小黄灯，我也深刻地认识到自己在教育中存在一定的问题。孩子这样小，刚刚入学两个月，习惯的养成是有一个过程的，不可能朝夕即成。在幼升小的过渡期，家长可能是孩子唯一的港湾，不能把孩子的心理想得太强大，有很多事情她理解不了，应对起来很困难，她在意的就是全部，家长在意和看到的东西并不一定能够真正帮助孩子。家长应当试着理解孩子的心思，花点儿时间帮助孩子一起梳理老师的要求，教给孩子方法，介绍自己的经验，指导孩子如何完成任务，帮助孩子轻松完成幼儿园到小学的过渡。

写于2012年11月

小C二年级小记

2012年9月，小C上小学了，远没有幼儿园时的天真样了，一天天长大，像个小大人一样。最开始的时候，由于不适应学校的生活，没少哭鼻子，渴望放假，渴望玩，渴望见新事物、新朋友……当然，我没有事事满足她，基本还能按我的意思做事。

一学期下来，小C变了不少，我和小C爸都明显感觉孩子开始不太听我们的了，但她也很迷茫。暑假的时候，清晨起来，不知道做什么，总是赖着，好像对时间也没太多概念。每次我说，你快吃饭，你快……她总是不情愿地或者特别慢地动起来，甚至就一个人躺在地上，让时间慢慢地溜走，什么也不干。我问她："小C，你今天的计划是什么？"小C说："我不知道，我不知道要做什么。""如果你不知道做什么，那我就安排你的生活了……"小C进了书房，按要求做起来，一会儿我从厨房的窗户悄悄观察，我看见小C正坐在我的转椅上，开心地转来转去，至于我说的什么计划和时间，好像已抛之脑后。我无语，跑到客厅，大喊：“小C，你背得如何了，看得如何了？”她立即回答：“没背下来呢，正在背，还差几句……有点儿难……”

过了20分钟，“小C，时间快到了，你背下来没？”

“我没背熟，背不下来……”

“那我帮你，这个故事需要背6个核心词，再加上前后补充就可以了，你看……你这样，你要先理解，你要……知道了吧。”

“知道了，我现在就背给你。”

“不，你背熟、理解后再背给我，别刚一说就说会背了。”

“我能背了。”

“你没全理解，肯定背不下来。”

“那好吧……我再背会儿……”

在与孩子的交往过程中，我发现，孩子二年级时，适应了学校的生活，比之前更有主意了，上学的新鲜劲儿过了，还出现了一个无所事事的倦怠期，家长在这个时候要特别注意引导孩子的学业。

上三年级后，小C好像又变了，不像上年那样无所事事了，不再犯懒了，好像长大了好多，明白了不少事情，早上叫起床也变得容易了，自觉洗漱，读书也积极了，好像小时候的逆反期已经过了……我其实并不知道她身上到底发生了什么，是老师的鼓励，还是自己长大了呢？

写于2013年8月16日

家庭劳动教育中的“刷碗风波”

每次我给女儿小C好东西的时候，她就乐得像朵花。我带她去旅游，她就特开心，从不问家里是不是有钱，妈妈的时间是不是能安排得开……作为家长的我从不计较，相反还愿意拿出自己的一些时间，甚至放弃很多事情去陪她，为她做些力所能及的事情，花最大的耐心去教育她，而且为她做事情的时候还总是充满神圣感，觉得作为家长为孩子做事天经地义，觉得无论如何为她做的事情都不应当有借口，一定要做到，而且最值得做。

我也自我感觉良好地觉得女儿小C眼中的我也不错，感觉她是那样爱我。她总是开心地告诉我她取得的进步，甚至她每次上课得到的小糖果都舍不得吃，要留上一整天拿回来给我吃，有时候出门总是问我冷不冷啊，我倒车的时候总是帮我看着（车技较差）。虽然偶尔有不理会我说话的时候，我也觉得她一定是没听见或者累了。

家长可能总是这样的心态，看着孩子天天快快乐乐的，看着孩子拿回全是“优＋”的作业本，看着经常回家就在写字台上写呀、画呀的她，看着她大部分时间自己起床、削铅笔、收拾书包、做作业，我就非常开心，觉得很知足。

小C有一个专用抽屉，专门放她的衣物。每天她都从这些抽屉里找她的干净衣服，特别是袜子这样的小件，每天都要换洗。她每天都去拿，就好像那个抽屉里的物品都是自动变干净的一样。其实是每天她上学以后，姥姥或者我给她洗的，她却不知道珍惜姥姥的劳动，总穿干净的袜子在地板上走来走去。姥姥也经常说她不要那样，黑袜子很难洗。一家人吃饭，也很少让她收拾碗筷，更别提端菜、择菜这类家务了，一般都是吃完饭就离开桌子，她要不就去玩，要不就去看书了。所有的家务劳动几乎和她无关。

如果完全按照我自己的教育理念：

一是自己洗袜子，把袜子放在一个小筐里，应当自己安排时间洗，洗了就穿干净的，没洗就穿脏的。

二是自己刷自己的碗，家里人的碗也应当适当帮助刷。如果学业忙或者有别的事情，家人才能帮助她。

三是自己起床、做作业、整理衣物等。她这个年纪可以做的事情应当完全自己做。如果学业忙或者有特殊情况，家长可以帮助，适当时候还应该帮助家长做些力所能及的事情。

四是自觉学习，不用家长管。应当养成良好的习惯，每天早睡早起安排背书。适当时候家长给予指导，明确自己的学习方向和自己的喜好与发展方向。

在我心里总是这样想：

一是提供良好的环境，比如空间、经费。

二是给予方法的指导，困惑的时候给予解惑。

三是帮助孩子了解社会，帮助她成长。

四是在她不会开车的时候接送她。

五是与她建立良好的朋友和互助的关系，倾听她的声音，帮助她得到更多的教育资源，以便她更明智地做出选择。

六是安排适当的时间陪她一起做家务，并给予操作技术上的指导。

我又感觉良好地觉得自己的教育理念还不错。由于我和小C的爸爸特别忙，对她的关心和指导特别少，在资源的开发和深度指导上非常少，理念落实上有所欠缺，感恩她能够自主安排好各项学业和生活，特别自立和懂事。

上二年级以后，我发现孩子已经适应了学校生活，我倒也变得放松起来，觉得不用管也不会太差。对于她不洗衣服、有时候没事和姥姥耍耍小脾气的小事，由于我忙碌，最终放弃了管教。姥姥当然是乐此不疲地服务着。

我也担心自己工作忙，对孩子时而管、时而不管会造成缺乏管理的系统性和长久性，使自己失去当家长的威信，所以真的就没再管，放任了。包括以前非常严格要求她的事情，比如整理书包、找衣服等，本来早在一年级时就养成习惯，她基本可以自己做到了，可我有时候总忍不住“欠欠地”去帮她。孩子看我放松了要求，变得十分懒散，由于不愿意和她较真，也没太往心里去。

今天晚上，吃过饭，我们大人累了一天，不想刷碗。小 C 也是吃完饭以后，舒服地把碗一推到沙发上玩去了。我说："小 C，你去把碗刷了，平时爸爸妈妈和姥姥帮你刷，这回你帮我们刷一次。"看她满脸不乐意，拿起碗跑到厨房，半天没出来。

我说："小 C，你别忘了把锅也刷了。"厨房没人回应。我拿了 2 个苹果问："小 C，一会儿你刷完，要不要咱俩一起吃苹果？"没有回应。我以为她没听见，就又扯着嗓子大喊一下，还是没回应。我跑到水池子旁边，问她："为什么不理我？"再一看，小 C 哭了，很委屈的样子，好像刷碗受到虐待一样！

"怎么了，宝贝！哭什么哭，爸妈都给你刷好多年碗了，你每次吃完都是我们刷，你帮忙刷一次怎么了，你都这么大了。"她什么都不说，依旧用力地刷碗，故意不把袖子收起来，和碗一起浸到水里。她刷完碗没理我们，自己跑到厕所哭了起来。我真不明白了，觉得养活个孩子有什么用，一点儿也不知心疼父母，这才 8 岁，过两年是不是要上房揭瓦了？

由于晚上时间有限，还想让她早睡觉，所以快速留了几个问题，让她回答一下。

小 C 快速写完这几个问题的答案：

1. 请问自己的衣服应当谁洗？现在谁洗？你准备多大开始自己洗？

小 C 答：自己洗；姥姥洗；8 岁。

2. 学习习惯是什么？你有什么好的学习习惯？你以后准备养成

哪些习惯？这些习惯属于你还是属于爸爸妈妈？

小C答：学习的方法，它会让学习变得简单；我会看看书，回家就写作业；不耍脾气、不哭、不磨蹭；我。

3. 爸妈是否爱你？怎样叫爱你？怎样叫不爱你？

小C答：爱；让我看书，带我去别的国家游玩；有时说我。

4. 哭能解决问题吗？

小C答：不能解决问题。

5. 学习有没有方法？你掌握了哪些？

小C答：有；唱歌、形体、数学的学习方法。

6. 你对爸爸妈妈和姥姥好吗？你为他们做过什么？他们为你做了什么？他们为什么要这样做？

小C答：有时会发脾气；拿汤给他们喝；洗衣服，做饭，买书，指导我学习；因为他们爱我。

7. 学习是你的事情还是爸妈的事情？你身体好是你的事情还是爸妈的事情？

小C答：我的事情；我的事情。

8. 你为什么要和爸爸妈妈、姥姥耍脾气？他们对你不好吗？你认为你是他们最亲的人吗？

小C答：因为有时候忍不住；很好；是。

她答完题，看我好像很生气的样子，就试着跟我聊天，我没理她。她没趣地走开了，特别自觉地读书、写日记……做作业的效率比平时高很多。一会儿，我和姥姥开心地说别的事情，她等姥姥进她屋时悄声问："我妈和你说什么了，提我没？"姥姥坚定地回答："没提你。"一会儿她跑到书房，和我说："妈，我来找点儿东西。"我又没理她。她假装找完东西离开了。她离开后，我把门插上了，自己在屋里看书。过一会儿，她跑到窗户那儿，说："妈，我错了……"我依然没理她。

一会儿爸爸回来了，她告诉爸爸我生气了，而且她求助爸爸说："我今天累了，不想刷碗，所以就哭了。"爸爸没好气地说："那你不和你妈说。"她无奈地说："妈妈不理我了。"然后进了自己的屋里看书去了……我见到小C的爸爸，也开始诉苦，我诉说小C多么不懂事，她刷个碗还哭，还不理我……小C的爸爸笑个没完，看着我的样子，好像我也是个孩子一样……

我决定让她好好反省反省，然后决定把前一阶段她磨蹭、不珍惜姥姥劳动、学习缺乏计划性以及没有时间的紧迫感等事情一股脑儿地找她谈，并且决定和她好好谈谈关于以后做家务以及承担家庭责任和孝顺父母的事情……不要觉得父母都是欠她的，她一定要好好珍惜父母为她做的，自己计划性强一些，做自己应当做的事情，别总是和姥姥耍脾气！

这就是我们在劳动教育中的趣事一则，有趣的小故事发生在日常生活中。其实我到现在也没搞清楚小C为什么哭，不就刷几个碗吗？有多委屈？谁能懂小孩子的心情呢？哈哈，为什么一定要懂呢？孩子就是孩子，不去深想也是一种智慧！

写于2013年11月21日

刷碗事件后我的反思

由于小 C 刷碗时哭了，我决定冷处理，第二天早上不送她上学。显然她心情也不是很好，我听姥姥说她又哭了。我刚要出去，就听见爸爸和我说:“你别出去，别理她，瞧她那样。”原来爸爸也生气了。

我问因为什么事情又哭了，爸爸告诉我是因为姥姥今天早上也没有理她，并且要求小 C 什么事情都自己做，也不帮忙了。大概姥姥也支持我的教育理念。我和姥姥说过，小孩子不能养成坏习惯，长大不知感恩，姥姥非常同意，特别怕小 C 长大不知感恩我，到时我受罪。姥姥真挺心疼我的哟!

不过说心里话，我还挺别扭的，因为我觉得我对小 C 进行教育就行了，姥姥和爸爸也以这种态度对她，她能否受得了呀?可事已至此，我也不能说什么，只能顺其自然了。小 C 哭着背着书包上了爸爸的车，在车上又被爸爸说教了一通。

第二天晚上，爸爸接小 C。小 C 今天得了三 A 奖励，她上车第一句话就是问爸爸：“我妈还生我气吗？”爸爸说不知道。到家后，小 C 爸说快给妈妈看看你的奖励。小 C 知道我不会理她，就掏呀掏呀，憋足了勇气怯生生拿到我面前说：“妈，你看我得了三 A 奖励，全班得的人并不多。”我没好气地说：“学习好有什么用呀，不知道感恩，不知道管理好自己。”小 C 好像受不了这个打击，跑到姥姥屋，又哭了……

自己亲生的孩子肯定不会真的和她生气，但我还在寻找对策，主要目的还是想让她养成爱惜时间、感恩的良好品格，别动不动就哭，动不动就和姥姥耍脾气。

昨晚我让小 C 回答了几个问题，可是我觉得她的回答太简单，根本没走心。我想借这次事件好好和她谈一谈，好好地引导她。

今天是小 C 8 岁的生日，我肯定要理她了，并且还要送她礼物。我只能把气暂时放一下，但我还是把那几个问题做了深度回答，把我写的这封长信读给她，并且告诉她爸妈很爱她，希望她快乐成长，但是要懂得做人的道理。

1. 请问自己的衣服应当谁洗？现在谁洗？你准备多大开始自己洗？

一个人能管理好自己的能力比单纯的学习好、受表扬、得到同学认可、弹好钢琴、穿漂亮衣服等都重要。你总因为受两句表扬、得 100 分就开心得不得了，我能理解你的心情，但从长远来看，那些不足以形成助你快乐和成功的良好习惯。因为管理好自己是一种习惯，而且管理好自己就能获得所谓的好成绩、成功。如果偶尔取得好成绩，但没管理好自己，这些成绩都不会长久。

管理好自己包括两个方面：

一是管理好自己的生活。包括收拾自己的衣物、完成自己的学业、饮食健康、讲究卫生、保护好自己、避免意外事件发生。

二是管理好自己的情绪。包括面对作业多、困难时候的情绪，面对班上选举失败时候的情绪，面对不被朋友理解时的情绪，面对家人和老师批评时的情绪。每个人都不愿意被别人批评，但人要成长不可能总受表扬，而且批评本身不是坏事。我自己亲身经历了很多表扬、很多批评，无论我多么高兴或多么难过，最终也没影响我，我对这些批评和表扬慢慢就看淡了，批评得对的我就听并改正，批评得不对的我就保留自己的意见。

外界的适度表扬，让我知道自己被认可了，以后的路还很长，也许我没那么好，但我会朝着那个方向努力。最终影响你的是你把控这些事情的情绪，情绪稳定，不受外界太多影响，是你的能力，是你的定力，你只有控制好情绪，才知道自己的目标在哪里。你有什么样的将来不是靠这些表扬和批评决定的，有很多因素在决定着你的将来，将来是个不可预知的东西，我们可以为将来努力，但不要过于执着，万事都会变化，不必在意这些事情。你只要目标明确，步伐坚定，总会离理想目标越来越近。

你有了好的管理能力，就相当于有了强大的内心世界和强大的掌握知识的能力，你就无所畏惧了，什么事情都能应对自如，至于一次次的考试，我们努力就好，看淡些。妈妈说过，付出和得到往往是一致的。如果考的分数不理想，说明你的付出在一定程度上还不够，你需要调整。我知道你还小，管理自己的能力会随着年龄的增长不断增强，到了四年级基本就成形了，所以你还有 3 年可以努力，等管理能力建立了，你就会形成习惯，不用发愁天天找东西，天天被情绪左右，你就真正坚强和强大了，我愿意看到那个你。今天是你 8 岁生日，这些道理很难懂，可你还是坚持听妈妈说完了。

我希望你生活有计划性，学习有计划性，不要浪费时间，合理安排时间，留出大块的时间，妈妈带你出国玩，看看外面的世界。平时就别白白让时间溜掉了，你要提高效率，管理好自己。

生活方面，我希望先从袜子开始吧，从今天开始自己管理袜子。等你有了管理袜子的经验，再管理其他小件，如外衣、鞋子等。

学习方面，你一直做得非常好，我觉得你可以总结好的经验，再完善一下即可。时间的管理方面，我觉得还需要很大提升，特别是如何解决浪费时间和效率不高的问题。

2. 学习习惯是什么？你有什么好的学习习惯？你以后准备养成哪些习惯？这些习惯属于你还是属于爸爸妈妈？

你说得很对，学习习惯就是学习的方法之一，它会让学习变得简单。目前你一回家就写作业，一回家就看书，这些都是你已经养成的良好的学习习惯，这说明你的管理能力在加强，有很多孩子努力好多年都做不到回家就写作业、回家就看书，希望你能保持这两个习惯。

可惜你的另一个好习惯没有坚持住，就是每天收拾好书包和第二天穿的衣服，21：00 上床，第二天早上 5：40 起床背书，背你喜欢的故事，你变得充实了，那是多么快乐和进步的时光呀！现在这段时间被你磨蹭掉了，好可惜呀！我觉得我们是时候商量一下你都喜欢早上背什么，然后继续保持早读的习惯。

3. 爸妈是否爱你？怎样叫爱你？怎样叫不爱你？

在这个世界上，我了解的大多数父母对孩子的爱超过孩子对父母的爱，但我希望我们之间的爱是平等的，我们有多爱你，你就有多么爱我们，因为我们是一家人，最亲的人。我不希望你总是无条件地接受爱，却不知道回报爱，只知道得到爸爸妈妈、姥姥给予的帮助，可是却一点儿感恩之心都没有，甚至不知道珍惜，和我们发脾气。这样做最没本事、最傻了，对家人耍脾气多傻呀！

最亲的人哪里舍得伤害你呀，每次批评你其实我心里并不好受，因为你是我的女儿，我那么爱你，不愿意看你受到任何伤害和任何批评，每次批评你也是希望你做得更好，不是爸爸和我对你瞎批评，都是我们反复推敲真正有利于你的，才决定告诉你。只是有时候觉得你太不往心里去了，所以我们很着急，用非常严肃的方式告诉你，以便引起你的重视。你得到爱的同时要知道回报爱，特别是一家人，我们一家人的力量总比一个人的力量大，外面人对你再好，也不能陪伴你一生，因为社会是以家庭为单位的，一个家庭是一个单位，我们在家庭里互相帮助，用自己的成果向社会交答卷，这个交答卷的过程就是你的一生。

这一生中你会遇到很多人，你的朋友、你的老师、好的人、坏的人，有些人陪伴你长些，有些人陪伴你短些，但是都不会陪伴你一生，但是家人会，因为家人是不需要任何理由和借口，由血缘决定的，注定无法改变的。一家人要互帮互爱，如果大家把外面的烦恼带回家，和家人耍脾气，这样就伤害了家人，就是傻了。你有了困难，我有了困难，一家人应商量如何解决，一起面对。你有了快乐，我有了快乐，大家一起分享。我们支持你有好朋友，有自己的思想和生活，但不代表我们支持你和我们耍脾气，你应当最爱家里人，而不应当和家里人耍脾气。我们要互相帮助，互相理解，互相给予，互相爱。

4. 哭能解决问题吗？

有时候作业很多，但那算什么困难呢？思考如何分配时间，如何提高效率，不就可以了吗？还用哭，耍脾气？哭不仅解决不了问题，还会产生后续坏影响。作业完不成，睡不了觉，影响第二天休息，好几天都困、难受，影响听课。

你周六全天玩乐，从不想着写作业，周日晚上就哭着说写不完作业。这些都是管理不好自己的时间，轻重缓急没掌握好的后果，你明明知道周日晚上不可能完成整个周末的作业，所以应当提早安排。你说你做不完作业，和家里人耍脾气，自己也哭，最后特别晚睡，姥姥本来身体不好，也跟着晚睡，多影响身体，爸妈要为第二天的工作做准备，也跟着你着急，多得不偿失呀！其实换种方法管理一下时间，这些事情都可以避免，而且我们都能快快乐乐的。我知道你小，有时候做不到，那也没关系，你别耍脾气，告诉妈妈这次没安排好，咱们一起解决，下次注意，不就可以了吗？

5. 学习有没有方法？你掌握了哪些？

学习有方法。你还记得去年你背语文，用过记重点词的方法，用过一段段背的方法，用过总结法，还用过复习预习法，而且你和妈妈说都取得了较好的效果。可见学习是有方法的，而且还有很多种方法。好的方法能给予你的学习高屋建瓴的指导。学习有时候没必要死板，比如读书识字，除了课堂上要求必须会背诵、会默写的，你平时读课外书把不会的字都弄会，多掌握点儿好词、好句，对于长远的目标有好处，不是挺好吗？因为你最终的目标就是通晓文字、文章，独立自主应用等，只要为这个目标服务都可以学呀，不局限于课本。总结如何把书本上的知识全掌握的方法，比如复习、预习，或者用老师的方法，或者读课外书与课本结合等都是很好的方法。只要按照规律和方法努力，就可以掌握并且能快速掌握。

6. 你对爸爸妈妈和姥姥好吗？你为他们做过什么？

我觉得你对爸爸妈妈和姥姥不好。因为你没有为他们主动做过什么，好不是用嘴说说，需要用实际行动表达。比如，现在长大了，知道心疼姥姥了，帮助姥姥做一些事情，让姥姥轻松点儿，有更多时间去画画，养身体。你可能会说，我学习从不用你们操心，我老得到老师表扬，难道不是对你们好吗？当然，你不用我们操心，我们为你骄傲。你得到老师表扬，我们作为家长感到很高兴，因为觉得自己养的孩子得到肯定，有一些成就感。可是你想过没有，学习是你自己的事情，你学习是为将来打基础。你本来就应当学好自己的学业，而且还应当多问问爸爸妈妈，你哪里还需要努力，主动和爸爸妈妈汇报整体学习情况，不断改进。

7. 学习是你的事情还是爸爸妈妈的事情？你身体好是你的事情还是爸爸妈妈的事情？

上文已回答。

8. 你为什么要和爸爸妈妈及姥姥耍脾气？他们对你不好吗？你认为你是他们最亲的人吗？

你说你忍不住要和我们耍脾气，如果你明白上面这些道理，就不会和最亲的人耍脾气了，那是最无能的表现，最傻了。你要不断提升能力，管理好脾气，遇事不着急、不生气，努力想办法，没什么大不了的事情，别把事情想得那么严重，作业做不完也是能和老师解释的，他们会理解你遇到的困难，不是不能解决，但是希望你通过管理好自己解决这些问题。老师要求你们都是用常人的标准，如果你不断提升管理自己的能力，过不了两年，你管理能力强了，就会更容易应对自己的生活和学习了。到时候你就有更多时间玩，帮助妈妈做点事情了。妈妈多累、多忙呀，需要有个小帮手。

刷碗事件后，我们不理小 C，看见小 C 怅然若失的样子，也很心疼，但是也确实觉得孩子表现出的情绪不太对，她不理解父母的付出，一味地享受父母给予的爱。我们也很矛盾，是不是应当对一个 8 岁的孩子如此严厉，和她聊了很长时间，不知道她那幼小的心灵能不能承担这么多东西。写这封长信也累得够呛，想把道理尽可能写清楚，我也不清楚当时她听进去多少。这些都留在了我的教育日志中，与大家一起分享交流。

写于 2013 年 11 月 22 日

改变小 C 的“面子问题”

小 C 的好面子是出了名的，好面子就好强，但是好强也有不好的一面，因为我们都知道，人的能力是有限的，不是说好强就能得到想要的东西，也不是说好强就真强，很多东西都是随遇而来，机缘所致。孩子将来成功与否都不是单纯的好强能达到的。甚至很多东西，你越是好强，越适得其反，因为你心里负担的东西太多，不能轻松地做你想做的事情。这一点小孩子理解起来很难，大人不也经常好面子吗?我经常说孩子好面子随他爸，他爸经常说孩子好面子随我。总之，小 C 的好面子是出了名的。

那日，正在上英文课，所有的小朋友都在正常练习句子，很难的一个句子。老师问小朋友们愿意挑战吗，举手的几个小朋友都没成功。小 C 也举起了手，同样挑战失败，结果她哭得泣不成声，上气不接下气，上不了课了。别的小朋友都没受到打击呀，说错一个句子，至于吗？我很奇怪，谁给她压力了，自己给自己定那么高的标准！

那日，加拿大的好朋友来玩，小C和人家对话，中间有个词说错，我随即纠正过来，说应该是另一个词，没想到，她突然间脸通红……

那日，上学迟到，哭着说什么都不进教室，觉得很难面对小朋友。我劝了很长时间都没用，说什么都要跟我回家，最终还是哭着进教室了。进去前，问我是不是可以看出哭了很长时间……

那日，去参加全国英文比赛，原本就背得很熟练了，有什么可怕的呢？！没想到到了赛场，家长留在了外面。比赛结束后，小朋友们陆续走出来，只有小C是哭着出来的。我问："没成功完成？"小C说："完成了，没有我想象的好。""你想象的到底有多好，妈妈不是说不用好，只要完整说下来，就算成功了。"她却哭个没完………

那日，全班举行讲故事比赛，老师辅导了一周，每天背，我看她讲得非常不错。她和我说比赛当天，她认为自己是全班最差的一个，根本就不敢举手。等呀等，等小朋友们都快讲完了，她才鼓起勇气上台表演，没想到得了特等奖。多么不自信的孩子！多么好面子，怕别人觉得自己不好……

这样的例子不胜枚举，上课回答问题怕错，说英文怕不够好，数学得了97分不满意，英文得了100分还觉得附加题没做，课外班没报也觉得自己落了很多。孩子的心理负担太重了，我很多次给她讲："不用太在意，课上的东西快些搞定，留下时间玩，你就是不上学，妈妈也能养活你，你不用有那么大负担。"这些话不知说了多少次，没用。

孩子始终好面子，活在自己定的标准里，我也为此分析过原因。

我始终还是归因于小C严于要求自己，周围小朋友都是非常优秀的，而且都被家长们带去上课外班，可是我又不想让孩子牺牲周末去上课外辅导班……

发现了小C的问题，我常常想办法帮助孩子摆脱好面子的问题，提高自信心。最近，我感觉孩子好多了，采取的方法有两种。

第一种方法是奖励勇敢参与，不奖励结果。小C回家后，我一律不问结果如何，只问今天是不是勇敢了，是不是突破自己了，是不是自信了。孩子说进步了，突破自己了，我就给予一个奖励。至于她说的结果，我就假装说："没事，没事，我根本不看重结果，我在让你锻炼自己的胆子和自信，不在意结果，你努力锻炼吧。"几次之后，我发现她自信了一些，虽然为禀性难移，总还是有一点点效果。

第二种方法就是支持孩子的活动。学校举行活动，只要我能参加的，尽最大可能让孩子参与并且找到自信，争取让她感受到自己的方法对路，即使没有得第一，但我一定让她感受到自己参与了、思考了，而且帮助她分析自己成功的地方在哪里，进步在哪里。经过几次活动，孩子能比较客观地看待自己了。

小C何时能够卸掉沉重的面子，我相信她会进步得更快！

写于2013年4月18日

做好时间管理赢得未来

时间管理是一辈子的话题，很多家长和孩子都不太重视时间管理，也不知如何培养孩子的时间管理习惯。时间管理可以分为四个阶段：

第一阶段：初步树立时间观念。培养孩子了解时间概念，慢慢掌握单位时间内完成事情（作业或玩耍等）的时间量化，使孩子树立时间观念。可以在孩子幼儿园大班或小学一年级时帮孩子树立时间观念。

第二阶段：培养合理计划时间的习惯。在时间量化的基础上尝试制订计划，慢慢培养从家长帮助到孩子自主安排，将目标学习量与时间量做匹配，将计划与现实时间进行比对，不断优化时间计划的合理性。小学二年级至四年级时，培养孩子自主规划的习惯。

第三阶段：固化时间管理习惯。在树立时间观念后，积累了较多时间管理经验的基础上，将时间管理的习惯固化，应用于日常学习生活中，有效地利用时间达成自己的学习和生活目标。

2016年4月7日，我与小C的时间表

女儿		妈妈	
17：15—18：41	仿写与春天有关的诗	17：15—17：40	买彩铅、文具
18：42—19：30	练琴	17：40—18：30	帮女儿准备钢笔、文具
19：30—20：00	吃水果、活动、吃点心	18：40—19：30	做第一张小报
20：00—20：07	构思观后感	19：30—20：00	帮女儿准备水果、点心
20：07—21：40	改坐姿+写观后感小报	20：00—21：40	指导女儿做小报、改作业、改坐姿
21：40—22：17	摘抄句子，洗脸，睡觉	21：40—22：17	帮小报涂色，收拾书桌
		22：17—23：17	做自己的事，等先生回家

第四阶段：坚持不懈的时间管理观。很多孩子已经尝到时间管理的甜头，也取得了不错的成绩，但随着年龄的增长，慢慢忽视时间管理，感觉自己已经长大，时间管理不再受用。这是非常错误的观念，所谓的赢得时间就赢得人生，对任何人都受用。随着年龄的增长，由于不像上学时全力以赴聚焦中考、高考以及大学的各种证书等，阶段性的目标变得模糊，特别是职业生涯开始之后，多数人疲于被动应付工作，很难再坚持进行时间管理，这样也就使自己的人生处于随意发展状态，时间管理和目标达成则处于散乱和缓慢状态。

生活需要张弛有度，时间管理下的张弛有度更有利于规划人生。

当孩子们目标明确，时间安排恰当，就会在各个方面取得较好的效果。所谓学习（工作）效率，就是单位时间内完成的工作量。帮助孩子进行时间管理，从小养成对工作目标量进行时间规划的习惯，相信一定会取得不错的效果。

时间管理中的三个切忌如下。

一、切忌形式主义

为了追求时间管理而时间管理，只是流水账式记录时间，不去计划时间，形式大于内容，往往会让时间管理流于形式。

二、切忌安排过紧

时间管理的目的不是使自己长期处于高压之下，而是合理规划时间，将自己需要的运动、学习、生活、交友、工作时间合理有序地安排好，使其更合理、更紧凑、更有效。

三、切忌片面比较

时间管理方面，有时候部分孩子在学业紧张状态下，发现自己相较同学（伴），在单位时间内完成的学习任务较少、较慢的时候，会出现沮丧心理，甚至认为自己无能，压力过大。父母一定要多鼓励孩子正确认识自己在时间管理方面的独特性，了解自己的风格和特长，不能完全与他人一致，不要过多比较或轻易否定自己，而是要不断总结自己在时间管理方面的心得体会，设定好小目标，并落实在行动上，不要片面比较，好高骛远，不切实际。要坚信自己的理想和信念，实现自己的人生目标。

孩子们方方面面的提高都是在用有限的生命时间去完成人生可能实现的高度。有的人 3 分满，有的人 5 分足，有的人 8 分求，有的人 10 分愿，什么样的人生是圆满的？无论 3 分、5 分、8 分、10 分，努力的人生都是圆满的！适合的人生都是圆满的！不必过分崇拜那些被设定好的世俗名与利，不必总在观望他人而忘记自己，按自己的节奏走自己的人生，设计自己的时间。根据孩子的天性和作息时间学会管理自己的时间，实现他们自己的人生。

北京大学教授文东茅在 2017 年开学典礼上说：“最近我一直在体悟‘时间就是生命’这句话。每个人的生命都是由时间构成的，人的时间、精力用于何人、何事，这些人和事就构成了生命的组成部分，这些人和事的精彩程度就决定了人生的精彩程度！”

写于 2020 年 8 月 20 日

关于早教的思考：孩子的“智”与“滞”

我曾偶遇过一个孩子。当时，我带着上初中的女儿参加一项社会实践——由女儿教授幼儿园中班的小朋友学习英文绘本。在女儿整个实践过程中，我观察到一个孩子与众不同，她总是眼神游离，并不主动，也不跟着女儿学习英文绘本，好像没被故事所打动，也不主动融入和思考。这引起了我的注意。

女儿在一句句地教孩子学习和朗读，并且用生动的语言带着孩子们看图片讲解故事情节，每个孩子都很快乐、新奇，参与度很高。只有那个孩子学了很多次也学不会，学了前句忘记后句，无法将故事串起来，好像每个句子与其他句子之间无法建立联系。我本就是过来帮助女儿的，也着急地俯身甚至蹲在地上，一句句反复地教她，最终也没什么成效。她好像有些害怕，也不太自信，当我与她目光交流时，发现她躲闪着，好像有一丝拒绝和压力。

我好奇她生长在怎样的家庭环境中，为何她的注意力和主动思考的能力都很弱。我主动和她聊天，开心地与她玩游戏，这时候她好像很开心，放松了不少。我问了很多问题：爸爸妈妈严格吗？爸爸妈妈忙不忙？你平时做什么？你喜欢什么？你期待做什么？……

她和我说了很多，比如，爸爸妈妈如何要求她，我了解到孩子爸爸妈妈对她的期待非常高，孩子从小就有计划地生活，很小的时候她爸爸妈妈就给她布置了很多任务，基本占满了她所有的时间。我在孩子的书包中发现了一个本子，密密麻麻写满了一天的任务，几点到几点写速算、画画、钢琴、认字等。这个本子上关于玩乐和运动方面的内容很少，只发现一项跳舞，每周有 2 小时。

孩子告诉我，妈妈很严格，总是要求她做完一样马上做下一样，感觉自己像个机器人。妈妈上班的时候会让姥姥看着她，也会打电话要求她严格执行妈妈留的任务。妈妈是强迫型人格，全身心投入到孩子每天的作业任务中。

孩子从小很少有自己的空闲时间，都是被动地完成妈妈的一个个任务。我认识这个孩子后，经常与她的妈妈交流，也经常带着女儿去这个孩子的家里试图帮助她。

我观察了很长时间，发现这个孩子注意力不集中，不会独立思考，也没有快乐。我相信是这个家庭的教育方式带来的问题，因为父母对孩子的期望过高，不想让孩子输在起跑线上，于是给孩子安排太满，以至于孩子没有空下来的时间独立思考问题，更没有时间按照自己的天性去玩耍，主动发现和主动观察事物的时间都没有，取而代之的是被动地理解和完成她并不懂的知识，机械地奔走于各类培训班，被动完成妈妈留的速算、写字等如山的作业，是这个年龄无法承受的。家长单纯地认为只有留很多额外的作业，孩子才可以超越其他同学。这种观念是不可取的。

我追踪这个孩子到小学三年级，老师也发现在讲授课程的过程中，她很难建立知识与知识之间的联系，好像总是在逻辑思维方面出现问题。妈妈这才承认自己的孩子不是学习的料，不再对孩子进行严格的时间控制，也不再给孩子安排太多作业。

孩子在最应当接触大自然和体会知识之间的关联、应当认知社会的时候，过早地接触了狭窄的知识。知识实际是个量的积累，是一个限制性的训练，要给孩子留出足够的接触自然、社会和与同龄交流和沟通的时间。甚至在如今的互联网时代，我们需要哪方面知识，一查即知，不必都要求孩子死记硬背。

这个孩子是教育的“智”的期盼被人为教育方法应用错误导致了“滞”，是个典型的从小被压垮的孩子。

我记得有一个词叫“空灵”，空才能灵。对于教育孩子，一定要给孩子留出足够的“空”时间，用于孩子观察这个世界、思考这个世界，与这个世界上的同龄人交往沟通，这样“空”过的孩子将来才会有更好的社会适应性，才能真正有灵气，无障碍地融入社会。希望这个孩子的悲剧不要再上演。

写于 2020 年 10 月 9 日

女儿小作 2 篇

擦地小记

我的课余生活丰富多彩，有画画、有书法、有唱歌……有的时候，我还会帮姥姥做家务。

有一天，姥姥干的活儿很多，我看她很辛苦，就对姥姥说：“我想帮您擦地。”姥姥连声说：“好啊！好啊！”于是，我拿起布，放进水中，搓了搓，再把布从水中捞出，拧干。

开始擦地了，我先擦客厅。我擦的时候，蹲下身子，把布铺在地上，把每个角落认认真真地擦了一遍。接着，我把布放在地上，来回擦 S 形，这样就不会掉渣。很快，布变脏了，又要洗布了，我再次把布放到水中洗了洗，捞出拧干。我一会儿擦擦这，一会儿擦擦那，很快就擦完了一半。真累啊！可还有另一半没擦呢！这时姥姥走过来，笑着对我说：“真不错！都擦这么多了，累了吧？”我点点头。姥姥说：“来，咱们一起擦吧！”于是，在姥姥的帮助下，我把整个客厅的地都擦完了。

看着干干净净的地面，姥姥说：“好！好！”我们心里很开心！很高兴！

写于2015年1月17日

仿写的乡下生活

乡下人家虽然住着小小的房屋，但总爱在屋前搭一个瓜架。花儿谢了，藤就爬上了架。红的瓜、绿的叶，再衬着长长的藤，可爱极了。

春雨过后，乡下人家的农田里便长出绿油油的小苗。经过了细雨的冲刷，小苗们比原来可爱多啦！要是你去那里走走，常常会看到白菜苗、韭菜苗，像一个个顽皮的小孩子探出了小脑瓜。

鸡，一般乡下人家都会养几只，像那昂首挺胸的大公鸡，在乡下人家的前院走来，就算有人从它身旁走过，它也从来不会害怕。那老母鸡，身后一定会跟着几只小鸡在门前的空地上觅食。

把饭菜搬到窗外摆的桌子上，开开心心地吃起来。天边的晚霞，向晚的微风，天上飞过的鸟儿，绘成一幅自然又美丽的画面。

夜里，细雨沙沙沙下着，伴着微风，让辛劳一天的人们甜甜蜜蜜地进入梦乡。

乡下人家，不论什么季节，都令人羡慕向往。

写于2016年

第四篇　青春蕴炫彩

我坚定地认为，在童年、少年时期培养学生的心理素质是非常必要的。

——苏霍姆林斯基

04

再谈自主能力的培养

今天为女儿小C感觉骄傲的事情还真不少啊：一是自主完成了秋季课外班的报名，还用我给的零用钱完成了付费；二是自主计划了暑假前期的安排；三是自主提出上高中选什么科目的话题与我进行了探讨；四是自主完成了秋季课外班的报名。

前一段也自主完成了不少事情：7月12日自主参加了家长会，记录了相应的笔记并与爸爸妈妈进行分享；7月20日完成了学校“3+1”项目的网上报名工作，并向爸爸妈妈通报情况。

今天我问她还有没有需要妈妈帮助的事情，是要钱还是要支持。她说目前都能自己搞定，钱也够用，后期可能仍然需要我们给予经济上的支持，其他暂时不用。我特意矫情地补充说：“你应当还需要妈妈喂饱你、陪你聊天解困，对不对？”女儿小C说：“对的，对的，老妈。”话音一落，我感慨地说：“你才14岁就完全可以自主了，妈妈真是很高兴啊！再过几年你能自己挣钱，应当就可以完全自立了，这个岁数做到这样真的很不错啊！”她听后也没有言语，也许心里美吧。她不是特别擅长回应的孩子，但我知道她一定能感受到我对她的鼓励。

诚然，我也由衷感到欣慰。女儿小C才14岁，能做到基本的独立和自主安排好学业、调整好时间、适时与爸爸妈妈进行交流通报，我能感受到她的快乐、阳光、向上，学业上我能感受到她的自主自觉，偶尔的小焦虑也很快能够自我调节。我认为这样就算健康的状态，培养孩子自主、自立、自强比一味地要求分数更重要。

回忆孩子成长的历程，总结一些心得：前几天我读孟昭兰的《人类情绪》这本书，她谈到新生儿从母体降生，要在适应中求生存，他们接受成人的哺育不是被动的，他们从先天遗传获得潜在的可能性。例如，接收体内外感觉信息的能力，接收感觉信息的感应力，赋予他们主动地对外界信息发生反应。这类反应既包括感觉器官的运动、四肢躯干的运动，也包括由表情实现的感情性反应。婴儿的情绪反应是他们第一个有效的心理适应工具。

对这个年龄阶段孩子的自主能力培养，作为家长，更多的应当观察孩子从遗传获得的先天性，需要敏锐地体察孩子如何自主地进行情绪的反应，这种自主能力的培养是不阻止孩子的情绪表达，细致观察孩子的情绪表达，使其充分自主地通过哭闹或者表情等呈现自己的需求。

研究表明，这一时期如果发生适应不良，婴儿得不到适当的哺育和感情上的爱抚，在他们的生理发展上可能导致发育迟缓、疾病甚至死亡，还会对他们的心理产生消极影响。某些儿童或青年性格孤僻，追溯其原因，往往是早期感情上适应不良造成的。

随着成长，孩子的能力每天都在增强，家长更要观察孩子具备哪些自主能力，要大胆鼓励孩子去发展这些能力，最初的手舞足蹈、翻身、语言表达、爬行等基于身体本能的发展，都是对孩子自主能力的培养。

幼儿园阶段，家长们常常纠结上不上培训班，每个家长都希望孩子早早地步入学习大军，也希望孩子在各个方面展现出超越常人的能力。

小学—中学—高中，一路走来，自主能力的培养是长期的，不是一蹴而就的。我认为自主能力是一个动态的概念，自主能力应当与年龄阶段相匹配。

写于2020年7月31日

青春期的“大脑刹车系统”尚待组装

孩子从生下来一直到自立之前，某种意义上说处于弱势，主要体现为心理上的弱势，这种弱势主要是因为无力改变现状，必须被动接受社会和家庭给予孩子的一切，包括处于什么样的环境、接受什么样的教育等。虽然我们说孩子的发展是内因和外因相结合的产物，但是这两者是不能割裂的，特别是在没有形成稳定的学习习惯和心理定性的时候，孩子往往信赖于他所看到的、接触的，在这个过程中才逐渐形成带有原生家庭烙印的人生观、价值观，在社会环境中逐渐发展自己。

青春期的孩子是一群令许多成人觉得惶恐与困惑的孩子，想放手却放不下心，想参与却不得其门而入。

青春期又是人生的一个重要阶段，这一阶段能否顺利度过，关系到青少年成年后的个人发展（如事业、婚姻、人际关系等），及其生命质量的高低（如满意度、幸福感等）。因此，必须重视和加强对青少年的教育。

一、何为青春期

心理学家通常根据生理和心理的发展变化进行年龄阶段的划分，但是仁者见仁，智者见智，他们提出了各种划分年龄阶段的标准。按照发展心理学中比较通用的划分标准，青春期是 11 ～ 18 岁，这一时期大都处于学生时代。

二、青春期身体发展的一般特点

青春期是个体生长发育的第二个高峰期。在这一时期，青少年的身体和心理机能都发生了急剧的变化，主要表现在身体外形的变化、体内机能的增强以及性的发育和成熟三个方面，这就是青春期生理发育的三大巨变。

1. 身体外形的变化

身体外形的剧变是青春发育期最明显的特点，也是青春期生理发育的外部表现，既包括身高、体重的变化，又包括第二性征的出现。

身体迅速地长高，是青春发育期身体外形变化最明显的特征，称为青春期生长陡增。在青春发育期之前，平均每年增高 3 ～ 5 厘米，但在青春发育期，每年长高少则 6 ～ 8 厘米，多则 11 ～ 12 厘米。

与此同时，青少年的体重也在迅速增加。此前，儿童每年体重增加不超过 5 公斤。到了青春发育期，体重增加十分明显，每年可增加

5 ～ 6 公斤，突出的可增加 8 ～ 10 公斤。体重的增长反映出身体内脏的增大、肌肉的发达以及骨骼的增长和变粗，也反映出营养及健康情况等，所以体重是身体发育的一个重要标志。

第二性征是性发育的外部表现，是青少年身体外形变化的重要标志。随着第二性征的出现，青少年开始从童年的中性状态进入两性分化的状态。在男性身上，第二性征主要表现为喉结突出、嗓音低沉、体格高大、肌肉发达、唇部出现胡须等。在女性身上，第二性征则表现为嗓音细润、骨盆宽大等。第二性征的出现使得青少年男女在外形上的差异日益明显。

有相关文章介绍，青春期孩子的大脑有个叫“前额叶皮质”的区域没有发育完全，心理学家把它称为“大脑的警察”或者“大脑的刹车系统”，这个刹车系统甚至有些孩子到 25 岁都组装不好，没组装好的孩子不会为长远的规划而控制自己当前的行为，甚至有更激进的表现，如我们从新闻中看到的极端行为。

人的大脑从出生之后就开始急速地发育，但是脑前额叶到 2 ～ 3 岁时才正式开始发育，一直持续到 6 岁达到高峰，6 岁后发育就会趋缓。通过对记忆、判断、分析、思考、操作能力的锻炼，能有效开发脑前额叶。在 3 ～ 6 岁的急速发展时期，正确训练脑前额叶，对孩子以后的成长和人格健全是一件极其重要的事情。

李玫瑾教授认为，0 ～ 6 岁对孩子的教育非常重要，要对孩子说“不”，不要让孩子养成“任性”的习惯，一旦孩子任性，6 ～ 12 岁时会越来越难管，12 ～ 18 岁就会像脱缰的野马不知所向。

2. 体内机能的增强

在青春发育期，个体的各种生理机能都在迅速增强并逐渐达到成熟，主要表现为：①心脏压缩机能的增强；②肺的发育；③肌肉力量的增强；④大脑的发育。

3. 性的发育和成熟

生殖系统是人体各系统中发育最晚的，它的成熟标志着人体生理发育的完成。随着青春发育期的到来，由于性激素的作用，进入青年初期后，个体身体的发育基本达到稳定状态。身高、体重增长速度减慢，18 岁以后个体的身高增长得很少。其他生理结构和机能也在此阶段发展减缓，并在不同的时段进入成熟状态。心肺、肌肉、骨骼等的生理机能大概 19 岁达到成人水平；大脑和神经系统处于缓慢、持续的发展过程，20 ~ 25 岁之后才达到完全成熟。

三、心理发展的一般特点

青少年期作为个体发展的过渡时期，生理、认知和社会性方面均产生了巨大的变化，使得其心理发展表现出一些与其他阶段不同的特点。青春期是人类个体生命全程中的一个极为特殊的阶段，这个阶段的青少年生理发育十分迅速，在 2 ~ 3 年内就能完成身体各方面的生长发育任务并达到成熟水平，但其心理发展的速度相对缓慢。这样，青春期少年的身心就处在一种非平衡状态，引起种种身心发展上的矛盾。

1. 生理变化对心理活动的冲击

随着青春期的到来，青少年在生理上出现了急剧的变化，这必然给他们的心理活动带来巨大影响。这种影响主要来自两方面：

首先，由于青少年身体外形的变化，使他们产生了成人感，因此，在心理上他们也希望尽快进入成人世界，希望尽快摆脱童年时的一切，寻找一种全新的行为准则，扮演一个全新的社会角色，获得一种全新的社会评价，重新体会人生的意义。在这种新的追求中，他们感到种种困惑。

其次，由于性的成熟，青少年对异性产生了好奇和兴趣。

青少年性心理发展大致经历以下几个时期：

第一，疏远异性期。

出现了对异性的暂时疏远、排斥，男女同学界限分明。

第二，接近异性阶段。

在性心理发展过程中，男女同学会产生一种彼此接近的需要，产生相互吸引的心理。

经常的表现有：

一是希望引起异性的注意和好感，表现自己的能力与才华，注意修饰打扮，有些同学与异性相互嬉笑打闹，甚至出现捉弄异性的情况。

二是交往对象的广泛性。这种交往常常不是一对一的，许多男孩和女孩在一起活动，或者一个人与很多异性同学都很要好。交往对象具有多变性且异性友谊很不稳定。

第三，模仿初恋期。

有些同学可能进入了模仿性的初恋期，与成熟时期的恋爱不可相提并论。

2. 心理上成人感与幼稚性的矛盾

青春期少年的心理活动往往处于矛盾状态，其心理水平呈现半成熟半幼稚性。

成熟性主要表现为他们产生了对成熟的强烈追求，这来自身体的快速发育及性的成熟。在这种感受的作用下，他们在对人对事的态度、情绪情感的表达方式以及行为的内容和方向等方面都发生了明显的变化，同时也渴望社会、学校和家长能给予他们成人式的信任和尊重。

幼稚性主要表现在认知能力、思维方式、人格特点及社会经验上。青少年的思维虽然已经以抽象逻辑思维为主要形式，但水平还较低，处于从经验型向理论型过渡的时期；由于辩证思维刚开始萌发，所以，他们在思想方法上仍带有很大的片面性及表面性；在人格特点上，还缺乏成人那种深刻而稳定的情绪体验，缺乏承受压力、克服困难的意志力；社会经验也十分欠缺。

由于青春期少年心理上的成人感及幼稚性并存，所以，表现出种种心理冲突和矛盾，具有明显的不平衡性。

①反抗性与依赖性

由于青春期少年产生了强烈的成人感，进而产生了强烈的独立意识。他们对一切都不愿顺从，不愿听取父母、教师及其他成人的意见。在生活中，从穿衣戴帽到对人对事的看法，常处于一种与成人相抵触的情绪状态中。

但是，在青少年的内心并没有完全摆脱对父母的依赖，只是依赖的方式较之过去有所变化。童年时，对父母的依赖更多的是在情感和生活上；青春期时，对父母的依赖则表现为希望从父母那里得到精神上的理解、支持和保护。

存在于青少年身上的反抗性也带有较复杂的性质。有时是想通过这种途径向外人表明，他已具有独立人格；有时又是为了做个样子给自己看，以掩饰自己的软弱。实际上，在许多方面，他们还是需要成人帮助的，尤其是在遭受挫折的时候。

②闭锁性与开放性

进入青春期的少年渐渐地将自己内心封闭起来。他们的心理生活丰富了，但表露于外的东西减少了，加之对外界的不信任和不满意，又增加了这种闭锁性的程度。

与此同时，他们又感到非常孤独和寂寞，希望有人来关心和理解他们。他们不断地寻找朋友，一旦找到，就会推心置腹，毫不保留。因此，青春期少年在表现出闭锁性的同时，又表现出很明显的开放性。

③勇敢与怯懦

在某些情况下，青春期少年似乎表现出很强的勇敢精神，但这时的勇敢带有莽撞和冒失的成分，具有初生牛犊不怕虎的特点。这是因为：首先，他们在思想上很少受条条框框的限制和束缚，在主观意识中没有过多的顾虑，常能果断地采取某些行动；其次，由于他们在认知能力上的局限性，使其不能立刻辨析出危险情景。

但在另外一些情况下，青春期少年也常常表现得比较怯懦。例如，他们在公众场合常羞羞答答，不够坦然和从容，未说话先脸红的情况在少男少女中很常见。这种行为上的局促是与他们缺少生活经验以及这个年龄阶段所特有的心理状态分不开的。

④高傲与自卑

由于青春期的少年尚不能确切地评价和认识自己的智力潜能和性格特征，很难对自己作出全面而恰当的评价，而是凭借一时的感觉对自己妄下结论，这样就导致他们对自己的自信程度把握不当。几次甚至一次偶然的成功，就可以让他们认为自己是一个非常优秀的人而沾沾自喜；几次偶然的失利，就会让他们认为自己无能透顶而极度自卑。在青春期的同一个体身上，这两种情绪往往交替出现。

⑤否定童年与眷恋童年

进入青春期的少年，随着身体的发育成熟，成人意识越发明显。他们认为自己的一切行为都应该与幼小儿童的表现区分开来，力图从各个方面对自己的童年加以否定，从兴趣爱好到人际交往方式，再到对问题的看法，他们都想抹去过去的痕迹，期望以一种全新的姿态出现于生活的各个方面。

但在否定童年的同时，这些少年的内心又留有几分对童年的眷恋。他们留恋童年时那种无忧无虑的心态，留恋童年时那种简单明了的行为方式及宣泄情绪的方法，尤其当他们在新的生活和学习任务面前感到惶恐的时候，特别希望能像小时候一样，得到父母的关照。

以上所列的这几方面心理发展的矛盾性特点，都可归结到青春期所具有的既成熟又幼稚这一根本性特点上。

进入青春期后，生理发展趋于平缓，其思维、社会性逐渐发展并成熟，青春期孩子的心理发展虽然具有一定的动荡性和矛盾性，但不再显著。他们的独立性逐渐增强，获得了成人感；个性逐渐定型；形成了良好的自我意识、社会适应能力；价值观、道德观变得成熟；已做好进入心理成熟而稳定的成人阶段的各方面准备。

在孩子的青春期阶段，家长应扮演怎样的角色？

一是理解青少年时期的成长特点。

要给予充分的尊重和理解，理解这个阶段孩子的成长特点，不要完全用成人的方式和思维教育孩子，要立足青少年生理心理发展的实际和这个群体对话。

二是帮助青少年通过健康方式疏导、宣泄不良情绪。

首先帮助青少年辨别自我情绪，教导孩子在情绪不好的时候，学习心理调适的技术，找到好的方式，放松自己。父母自身要调节好情绪，不要在孩子面前表现出焦虑不安，注意用孩子理解和听得懂的方式和孩子沟通。

三是出现冲突要智慧解决。

要平等地对待孩子，尊重孩子的自我意愿。出现冲突的话，要科学地处理和孩子之间的关系。孩子犯错的时候，要优先讲道理，除非有非常不好的行为，应给予适当的惩罚，这种惩罚不是打骂，可能是让孩子的要求得不到满足。打骂孩子永远是错误的，并不能解决问题，也不能解决情绪的问题。

青春期孩子主管情绪和记忆的大脑区域还没有发育成熟，家长的引导工作显得更为复杂。对于青春期孩子而言，他们是在痛苦中蜕变的，他们不再是童年时代的“傻白甜”，他们有极强的自尊，如果被过度打击，后果很严重。

当然，孩子的发展有如下特点：

一是青少年的发展是动态的过程，是一个整体，划分的阶段之间的衔接实际上不是完全割裂的。

二是青少年的心理和生理是有关联性的，不是分离的，生理的发展会影响心理，心理的发展也会对生理发展造成影响。

三是青少年自身、所在家庭、所在学校、周围环境是综合影响青少年的，而不是靠单一因素决定。

四是青少年心理发展阶段的各种研究流派均是不断发展研究，日臻完善的，教育工作者要认识到每个孩子是独一无二的，研究只是一种客观呈现，并不能完全套用到每个孩子身上。

一位瑞典作家说："一个人对某些事情相当熟悉，但不一定了解它们。"

家长可以尝试扮演时时帮孩子排忧解难的援友，家长做帮助孩子完善生理和心理不成熟的那块补板，在他们遇到困难时，我们立即上前补板，孩子越小越需要补板。青春期后孩子会更独立，有较强的自我意识，那么当孩子不需要补板时，你就远远地欣赏他们，眺望孩子们的美好。

写于 2021 年 1 月 7 日

青春骄傲的小C

疫情让女儿“傻”了很多，一个人在屋里一待就是一天。虽母女同处一室，但彼此“漠不关心”，各忙各的。主要原因还是她这小小岁数实在太忙了，要上不同科目的网课、要做运动、要做小组作业、要自己发呆、要微信聊天、要睡懒觉、要假装学习，等等。

今天我决定探视一下女儿。当我轻轻敲开门时，看见女儿一脸木然，全无表情。自己生活和学习咋是这种表情？我心头一紧，脱口而出：“女儿，你的一切是否安好啊，你还正常吧？很久未曾联络，妈很担心你的！”女儿一仰头，木然的脸上露出笑意，然后伸出双臂：“妈呀，我和你说说我的‘悲惨’经历吧……”哈哈，每个年龄段都有很多“悲惨”故事，庆幸我一大早听到了心爱宝贝的琐碎日常和发生在她生活与学习中的“惊心动魄”，体会她的喜怒哀乐，原来这小屋子里装得满满的都是“故事”。听她讲完“悲惨”故事，我给人家关上门，乖乖退回自己的屋子不敢惊动她了！也许她还有“悲惨”故事和“幸运”事件发生，窗外是蓝天、白云，屋内是个勤奋的少年。疫情给了她一段难忘、独处的自由空间和日子……马上要复学了。

小C今天上学了。经历了疫情洗礼的小C，在我的心目中一点儿没变，仍然带着她具有鲜明青春特色的小骄傲的样子。这样子是我喜欢的，因为她让我觉得又可笑又可爱，可笑是她简直就像个大人，一副自信满满、尽在掌握的样子，至少在爸爸妈妈面前是这样的。

于是乎，我从不招惹此“大人”。在不触及底线的情况下，凡是她表达出观点后，我尽表观点新颖，随之附和；凡需我出力协助，我尽表有空马上完成。

美好的生活总是为“彼此理解”的人准备的。由于我们的“彼此理解”，我们一直和睦相处，友好至极，堪称典范！哈哈，我这个“老妈”的慈母形象一直伴随着小C的青春岁月……当然，偶然间蹦出爸爸的不和谐之音，比如与小C辩论时、批评小C时，我立即成为超级“护妞强人”。和青春期女儿和睦相处、没有任何代沟的沟通，总要有人付出一些“代价”的，这是爱的代价，我却乐此不疲。

青春啊，小骄傲啊，一定要绽放的。我并不在意她对我的不屑，不在意她说我美丑胖瘦，也许她的观点有些偏激、狭隘，那都是她对人对事的初步认识并尝试独立发声，那是她对社会的最初看法和评价……我只喜欢她青春小骄傲的样子，属于这个阶段最美好的状态。愿你一直自信地“骄傲”，并独立着。

写于2020年9月

常想一二，不思八九

疫情复学后，我和小 C 每日一如往常向东行，听 FM91.5 的美文节目。这个节目曾经带给我和小 C 很多快乐的时光，也让我们一起读到很多美文。

今日一上车，我们就被一篇小文迷住了："亲爱的听众朋友们，今天我们分享的是林清玄的《常想一二，不思八九》。"于是收音机里飘出这篇小文，我们一边收获路边的绿色，一边欣赏文字的流动。

时间过得很快，路上只有这点时间用于我和小 C 一同分享美文，多么希望时光慢些。

放学后，小 C 念念不忘早上听的文章，记得作者的名字，记得这篇文章的名字，于是上网搜索这篇小文，终于被她找到了。回到家后，她大声说："姥姥，我早上听到一篇小文，是台湾著名作家林清玄写的，我读给你听。"姥姥对小 C 的任何要求都是百分百满足的，永远是一副满含浓浓爱意的样子，“老老实实”坐下来。小C给姥姥从头到尾读了一遍文章，最后还劝姥姥凡事要想得开，要常想一二，不思八九。姥姥甚是喜欢。

小C小的时候，我常常会找一些小文给她读，给她讲一些道理，把一些观念和想法与她分享。那些岁月形成了我们的交流方式，是以聊天、共读、议事为主的，小C常常耐心听，与我互动，每次我们各有所获——我以为我教育的目标达成，小C以为妈妈是爱她的，喜欢与她交流，她也有所收获。

随着岁数的增长，慢慢地，以聊天、共读、议事为主的沟通方法仿佛变得苍白无趣了。一日与小C聊天，聊上网玩游戏的话题，我是反对玩游戏的，从不让孩子沾染这些。不仅如此，我和爸爸也达成一致，爸爸也是不玩游戏的。主要是由于曾经看过一篇文章，说的是一位母亲与产生网瘾的儿子发生冲突导致剁手的悲剧。那篇文章最后特别提到，网瘾是一种心理上的依赖，一旦上瘾严重如同毒瘾一样难以自拔，那种感觉如同“万蚁噬骨”。这篇文章给我留下深刻的印象，于是，只要听到小C说与游戏有关的话题，我就立即强调我的观点。那日谈及此话题，我说：“女儿……”话音未落，小C说：“别自毁前程，玩游戏不好，容易成瘾……你都说过很多次了。”哈哈，此法已经不奏效了，我的小C长大了，她不再喜欢说教，不会再像小时候完全听从爸爸妈妈的意见，开始表达自己不满的情绪了。

在小C成长的动态过程中，我是“步履蹒跚”地跟随和改变。她有了自己的观点、想法，接触的信息渠道多元，特别是来自同学的信息更多。他们正处于青春期，正是求新求异、猎奇的年龄，也是形成价值观的年龄，再听到爸爸妈妈的观点时已经不像小时候那样言听计从了。

但是我仍然担心小C在价值观形成过程中会出现这样那样的问题，毕竟她还小，那些“大人”般的观点无论如何都是稚嫩的，更担心孩子因为受到不良思想的影响而走向极端和反面。于是我开始着急买书自己看，买的都是小C应当看的书，关于青春励志、奋斗考试的，我一回家就假装看，而且说太有趣，还讲书中的人物如何自强不息，说自己如何敬佩此人。小C听得津津有味，为了看到我叙述的人的全貌，也常常把我看的书看完，甚至还把一些句子摘抄下来，贴在自己书桌前面，让我颇为喜悦和有成就感。当然，此法沿用一年，小C事情多起来，好像对这些书也不太感兴趣了，最重要的是时间好像不够用了。

享受陪伴小C长大的细碎时光，在小C最美的青春季节，每一天都成为我们美好的日子。老母亲我从台前转到幕后，面对面的交流固然是美好的，看着背影默默祝福的日子也是美好的。

常常想起纪伯伦的小诗，映衬我和小C的琐碎日子：

你的孩子，其实不是你的孩子，

他们是生命对于自身渴望而诞生的孩子。

他们通过你来到这世界，

却非因你而来，

他们在你身边，却并不属于你。

你可以给予他们的是你的爱，

却不是你的想法，

因为他们自己有自己的思想。

你可以庇护的是他们的身体，

却不是他们的灵魂，

因为他们的灵魂属于明天，

属于你做梦也无法达到的明天。

你可以拼尽全力，变得像他们一样，

却不要让他们变得和你一样，

因为生命不会后退，也不在过去停留。

你是弓，儿女是从你那里射出的箭。

弓箭手望着未来之路上的箭靶，

他用尽力气将你拉开，

使他的箭射得又快又远。

怀着快乐的心情，

在弓箭手的手里弯曲吧，

因为他爱一路飞翔的箭，

也爱无比稳定的弓。

写于 2020 年 6 月 7 日

如何应对高中新生活

最近有目的地阅读了一些如何应对高中新生活的文章，这些文章大多从理论的角度告诉孩子们要适应新环境。我也一直特别希望用有效的方法帮助刚步入高一的孩子们，让他们了解和认识更广泛意义上的心理适应问题，以便在高中生活的几年中从容应对。

其实不仅仅是他们，身边的每个人都要不断地适应新环境。这种新环境，也许是新的地域和人文环境，也许是新的人际环境，也许是新的事件颠覆原三观的内心环境。新环境是与旧环境相对而言，此处的旧环境指已经被我们接纳和基本适应的现实环境。如果用一架天平来表示，天平的两端，一端是旧环境，一端是你的心理，这时天平的指针基本指向中间，你的心理与旧环境达到心理平衡。如果我们不打破这种旧环境，生活没有更多的涟漪，可能会一直持续下去，宁静而平淡。

现实生活并不像我们想象中那样美好和平静。作为一名即将走向高中的学生，特别需要练就面对挫折、勇于接受挑战、不断超越自己和接受新的自己的本领和能力，这种能力也是未来取得成功的必备条件。当然，勇于超越并不是简单的事情，一些学生在三年高中生活中被困难打倒，被打倒的学生并不是因为没有攻克困难的能力，而是心理调适能力不够，常常处于焦虑和不自信中。

很多高中生彼此间不断比较分数，其实分数的此消彼长是正常的，每个人对新知识的理解与应用有所不同，而且每个阶段的学习状态也会不同，不必强求每次的分数都那么优秀。能够不断追求卓越就是胜利者。作为一名即将步入高中的学生，较快地适应新环境并能在未来的学习与生活中适应学业节奏、建立良好的师生关系、调节压力和焦虑，最终在高考中胜出是目前最为紧要的。我有如下的观点与大家分享。

一、适应新环境

1. 新的地域和人文环境

很多同学步入高中后，校园、教室会发生改变，过去熟悉的景致和日常所处的环境都有所改变，感觉新鲜的同时需要尽快适应新环境，能从心理上提前预知可能发生的情况，对于顺利适应新校园、新教室都是有好处的。

有部分高中生选择住宿，要适应突然离开家，由原来的一人独居变成几人相处，重新按照学校的时间调整作息时间，形成新的生物钟，这些都是在进入新的地域和人文环境后要接受和适应的。空间变小，无法独处，需要去教室、图书馆等地寻找学习的地域空间，应对挤在狭小宿舍、人多互相影响的情形。独居变成几人相处，涉及公共区域的打扫和宿舍卫生的保持，包括宿舍文化的建设，几位舍友要同心共建美好的生活和学习空间，互相理解和包容。

2. 新的人际环境

学校招收的高中生有的是中考按分数录取的，有的是直升的。同学们经历了一个假期之后，首要的是在新班级中找到自己的位置，找到集体归属感，大家最初都有点儿放不开，不断互相观察和逐步适应人际环境，慢慢寻找和自己志同道合的同学和朋友。

3. 适应新的事件颠覆原三观的内心环境

适应新环境，内心健康环境的营造也是至关重要的，每天接触的人和事，很难不对我们的思想产生冲击。三观的培养，对个人发展举足轻重。虽然高中生已经比较成熟，但从整个人生和社会着眼又显得稚嫩，更需要在高中的成长过程中通过阅读、学习、交友等渠道使自己的三观更为全面、客观、成熟、向上。在这个过程中，也会经历很多与既有三观不一致甚至颠覆性认识的事件，这种内心的环境大部分要靠自己调节和适应。

二、学习讲究方法和策略

1. 树立大理想，设计小目标

比如，想考上某某大学和某某专业，但是实现这个理想不可能一蹴而就，要分解、设计成小目标，用毅力去完成。

今天爱人推荐一篇文章给女儿，文章中写道："在跑步的过程中，我们每个人都会产生不同的目标。目标不止快和远，下次跑的时候能够轻松一点儿，同样也算目标。报名马拉松比赛后，第一件事情便是制订训练计划。将计划分成几个不同的阶段，每个阶段分别设定小的目标。在训练的过程中，不时地修正计划，补缺短板，以便能够达成最终马拉松所设定的目标。这个过程其实和生活中遇到某些问题的解决思路是一样的，都有一个最终目标，需要将大任务拆分成小的任务，解决的同时遇到反馈及时修改。如果一心只想着要完成一个马拉松，仅仅是盲目地去跑，而不关心计划和反馈，那么想必训练一定会很艰苦，效率也会非常低。"我感觉这篇文章对于学习很有借鉴意义，学习如同跑步，每个人基础不同，要根据自己的实情设计不同的目标，一个个实现，在实现的过程中不追求完美，实现多少算多少，只要不断前行，一定能跑到终点。

2. 紧跟课堂，勇于质疑

很多"学霸"不报班，紧跟课堂，跟从老师的节奏，课后巩固课上的知识点，一个点一个点吃透，并在吃透的基础上做习题，增强理解，在理解过程中，多质疑、多提问，特别是遇到自己不懂的问题，不怕没面子，用平和的心态问同学和老师，自己想不通或很难理解的知识，同学和老师的经验往往会帮助自己快速理解到位，通过理解再去应用就省力得多。如果遇到不懂的知识，不质疑、不提问、绕着走，会出现很多漏洞，导致很多误解，形成历史"欠账"。很多同学可能有这种体会：听着像是明白了，有点儿不懂也不去深究，到期末的时候，科目繁多，时间紧张，没办法一一梳理。所以日常的积累很重要。在课堂上提高效率，跟着老师，遇到不懂的大胆质疑，即时解决疑惑，走得更远。

3. 合理利用时间，提高单位时间效能

有些高中生非常自律，但学习效率较低。学习效率较低的原因：一是知识点掌握不熟，这种情况要从根本上解决知识点的问题。二是思考习惯问题。有些孩子总是陷入一些难题不能自拔。有些孩子追求完美，总想把文科作业做到尽善尽美，写作文时不去认真思考题目，而是还没动笔写就考虑要写好得多少分，写不好得多少分，写了一句不满意，写了一段又不满意，重新思考，类似情况比较常见。实际上，高中的作业比初中多，一定要计划作业量，而且要聚焦中心任务，我们做不到完美，往往思虑过多，特别是对分数思虑过多无法集中思想，导致效率低下，而后引发更多的焦虑，更写不出完美的作业。写作业就直奔主题，如果是写作文，我们就针对题目尽快理出思路，以完成作业为终极目标，完成是基础要求，然后在完成的基础上求好、求美。三是写字慢。如果同学们写字速度慢，要有意识地提高写字速度，只要日常学习中有意识提速，一天天地发生改变，最终在高考中一定能提高很多。

三、重视高中生心理调适

我身边很多朋友的孩子在初中和高中阶段出现了一些问题，受到一些困扰：

A. 持续的情绪低落，悲观失望。

B. 无法摆脱焦躁的情绪，急躁易怒。

C. 不能和同学和谐相处，经常和同学发生冲突。

D. 不能控制情绪，容易激动。

E. 胆小怕事，不相信自己的能力。

这 5 种情况分别对应的是“抑郁”“焦虑”“人际关系障碍”“情绪化”“不自信”，这些现象和情况特别容易在入学时发生，很多是新生适应不良综合征，处理不好，也可能会持续整个高中阶段。

我的一位老领导曾向我推荐过一本书《登天的感觉》，这本书记述了作者在哈佛大学读书期间的 10 个典型的咨询案例。整本书给我印象最深刻的就是一个哈佛的女生的转变。现在摘取书中的部分内容：

人是活在相互比较的感觉中的。这种比较可以给人带来自信，也可以给人带来自卑。当它给人带来自卑时，人要学会与自己比较来获取自信。在下面的咨询手记中，我帮助了一个被自卑压得透不过气来的女学生重拾了自信心，这主要是因为她学会了与自己的比较。

“我感到自己是全哈佛大学最自卑的人。”

这是丽莎见到我说的第一句话。我细细地咀嚼着她这句话的意思，等待她做进一步的解释。

“真的，不知道怎样才能讲得清我此刻的心情。”丽莎接着对我说，“我的家乡在阿肯色州，我是镇子里唯一来哈佛上学的人。当地的人都为我能到这里来上学而感到自豪，起初，我也十分庆幸自己能有这样的好机遇。但现在，我对自己的感觉越来越不好了，我真后悔到这里来上学。我在别人最羡慕我的时候感到自卑，我……”说着，丽莎忍不住流出泪来，她用手捂着脸，鼻子一抽一抽的。

……

她接着告诉我，她在哈佛大学待得很辛苦。上课听不懂，说话带口音，许多大家都知道的事情她不知道，许多她知道的事情大家又都觉得好笑。她不明白自己为什么要到哈佛大学来接受这一切羞辱。她好生怀念在家乡的日子。那里没有人会瞧不起她。

丽莎感到无比的孤独与困惑。她不明白为什么昨日的风采竟会这样快地消失，她不明白自己为什么与哈佛大学格格不入，她不明白自己这般活着到底是为了什么……

丽莎的表现是典型的“新生适应不良综合征”。具体地说，她现已跨入了个人成长中的“新世纪”，可她对已经过去了的“旧世纪”仍恋恋不舍。

……

总而言之，丽莎的问题核心在于：她往日的心理平衡点被彻底打破了，她需要在哈佛大学建立新的心理平衡点。我希望丽莎能自己领悟到这一切，因为只有那样，丽莎才会有足够的决心和勇气去改变当前的困境，发出一个强者的呼唤。

我在这里摘选这篇文章是想帮助高中生拥有足够的勇气和自信面对可能产生的心理不适感。每个人都会在人生的不同阶段出现大小不一的心理调适问题，以上的案例是典型的心理调适问题。大部分人认为，人们在心理调适过程中出现的问题和情绪表现是很丢人的。我不这样认为，我认为出现并承认心理变化的同学以及产生情绪反应才是最真实的表现。大部分人认为一个心理调适能力差的人是不能做成大事的。我不这样认为，我以为这些同学是因为对心理调适问题的认识不够，对困难的估计不足，对解决问题采取的态度不同。出现心理调适问题，不代表不能做成大事，更不存在丢不丢人的问题。

这个世界上，大家更崇拜强者，宣传强者，如果同学们出现新生适应不良综合征，暂时成为一个弱者，也不必悲伤和难过，因为你可以默默努力，有一天你会“惊艳”全世界，重要的是你如何看待暂时的挫折以及你应对挫折选择的回应途径。对挫折的回应一方面代表你自己选择什么样的生活和态度；另一方面代表你看不看重目前被称为挫折的事情，要不要为之改变。不必强迫自己优秀，不必强求他人能真正理解你，不必强求自己一定要应付生活中讨厌的人和事。学会爱自己，并且爱你值得爱的人，努力成为最好的自己，让爱你的人为你骄傲。努力吧，值得奋斗的高中！

写于2020年8月

从《我与地坛》与女儿谈生死

女儿小C很喜欢爸爸做的孜然馒头片。一早，爸爸遛完小狗拉蒂，就精心给小C做馒头片。爸爸先把整个馒头切成四片，然后刷少许油，再撒少量的孜然，放入烤箱中。等女儿起床的时候，金黄的馒头片就已经在眼前了，每每这个时候，女儿总是开心快乐的。今天早上爸爸如法炮制，仍然做了孜然馒头片，由于时间紧张，爸爸就将馒头片放入食品袋中带到车上，一边吃着馒头片，一边听FM91.5的中英美文阅读。

今天早上听的是史铁生的《我与地坛》。

女儿说曾经在小学时学过史铁生的文章，知道这位作家，我们在车上探讨这位作家的生平与故事，倾听这位作家从“死”至“生”的心路历程。21岁双腿无法行走，靠着轮椅像别人上下班时间一样来到地坛公园，在地坛公园里待上一整天。史铁生这样描述自己：“两条腿残废后的最初几年，我找不到工作，找不到去路，忽然间几乎什么都找不到了，我就摇了轮椅总是到那儿去，仅为着那儿是可以逃避一个世界的另一个世界。”

今天在史铁生的故事中提及了很多有关生与死的意义，比如史铁生曾经一度苦闷，想到死。但从文章中我窥视到，在史铁生最苦闷、无处可寻人生意义、想轻生之时，幸运地遇到了地坛公园里的那些场景——“园墙在金晃晃的空气中斜切下一溜阴凉，撅一杈树枝左右拍打驱赶那些和我一样不明白为什么要来这世上的小昆虫”。地坛公园和公园里的小昆虫的存活使史铁生找到了生活的意义和情趣，这些看似无意义的小趣事，废弃、落寞的有400多年历史的地坛公园，挽救并成就了濒临绝望的史铁生。

史铁生在《我与地坛》中描述：

我一连几小时专心致志地想关于死的事，也以同样的耐心和方式想过我为什么要出生。这样想了好几年，最后事情终于弄明白了：一个人，出生了，这就不再是一个可以辩论的问题，而只是上帝交给他的一个事实；上帝在交给我们这件事实的时候，已经顺便保证了它的结果，所以死是一件不必急于求成的事，死是一个必然会降临的节日。这样想过之后我安心多了，眼前的一切不再那么可怕。比如你起早熬夜准备考试的时候，忽然想起有一个长长的假期在前面等待你，你会不会觉得轻松一点？并且庆幸并且感激这样的安排？

剩下的就是怎样活的问题了，这却不是在某一个瞬间就能完全想透的、不是一次性能够解决的事，怕是活多久就要想它多久了，就像是伴你终生的魔鬼或恋人。所以，十五年了，我还是总得到那古园里去，去它的老树下或荒草边或颓墙旁，去默坐，去呆想，去推开耳边的嘈杂理一理纷乱的思绪，去窥看自己的心魂。

我和小C也曾经多次探讨过“生与死”的话题，每次都是因为新闻中爆出某某被害、某某自杀等事件，于是爸爸、我和小C就会探讨上一阵子。我的观点是：“一个人不能太自私，生命不仅仅是自己的，还属于家庭，一个人的生死是关乎一个家庭的生死存亡的大事，所以家庭中的每个人对待自己的生命不可草率，要珍爱，人人皆是。”我反复强调这样的观点，无非是想暗示女儿要珍爱生命。

爸爸的观点是，世界上没有什么想不开的，只要有生命，任何事情均可以重来，任何的挫折只是过往。然后我们三人围绕一些历史和现实的社会新闻讨论一阵子。总之，这样的话题无非是想让小C增强自我保护意识。那时候刚刚给小C买了手机，她应当是对我们讨论的话题感兴趣，每每我们头一天提及的事情，第二天经常又会被她提及，她总能把第一天说到的某某案子完整地述说出来，甚至细节也要与我们讨论。我和爸爸很诧异，仔细分析，应当是手机起了作用。

前一段时间，爸爸看了路遥的《人生》。我对路遥也很钦佩，喜欢他的文章，更对他为了写作而导致病情加重并最终死于肝病的故事印象极为深刻，于是生死的问题又被引入家庭话题。我们谈论路遥对事业的热爱，要实现自己写《平凡的世界》的理想，不顾肝病已经很严重的现实身体状况，毅然决然地找了一个安静的地方全身心投入写作中，可以说是将生死置之度外了。路遥对写作事业的执着和对理想的追求精神感人至深，他为此献出了生命，写出了倾世之作。从这个意义上说，生和死又变成一个需要重新思考的话题。过去我们多次谈论的生死好像涉及的都是生命的物理存续，这次我们探讨人生的意义，是不是为了赋予生命更重要的意义可以赴死？或者生命的物理存续和在理想与信念面前孰轻孰重的问题。

谈到生与死，最著名的莫过于司马迁的“人固有一死，或重于泰山，或轻于鸿毛”的名句。我和小 C 找到司马迁《报任安书》中的文字：“人固有一死，或重于泰山，或轻于鸿毛，用之所趋异也。太上不辱先，其次不辱身，其次不辱理色，其次不辱辞令，其次诎体受辱；其次易服受辱，其次关木索，被箠楚受辱，其次剔毛发，婴金铁受辱，其次毁肌肤，断肢体受辱，最下腐刑极矣。”

《报任安书》是司马迁写给友人任安的一封回信。在信中司马迁以极其激愤的心情，申述了自己的不幸遭遇，抒发了内心的无限痛苦，他提到写作《史记》的意图和完成的决心。司马迁即使在受了宫刑之后，仍矢志不移，决心忍辱完成父亲未竟之业，写成了《史记》。《史记》共有 130 篇，记载了从黄帝到汉武帝长达 3000 年左右的历史。前后经历了 14 年才写作完成。

我和小 C 探讨，实际上司马迁的《史记》是向死而生的一部倾诉之作，或许修志原本只是子承父业的一件平常之事，但由于司马迁身陷囹圄、遭受宫刑，向死而生，不再把修史仅仅看作对历史的总结、对西汉盛世的赞颂，而是和自己的身世之叹联系在一起，融入了较多讽刺的成分，赋予《史记》这部书“生与死”的丰富内涵。

我认为日常中的这些讨论具有深远意义，生活中的碎片时间总会让我们为了某个话题而深入交流探讨，也会去查找一些资料而获得更多的新知，爸爸、我和小 C 也常常会有不同观点的争鸣，最终各自形成新的认知。

其实生与死是个沉重的话题，我们往往愿意培养孩子阳光、快乐的性格，让其躲闪于沉重之外，小小年纪何必增添太多负担？！不过，有时候我们也很难在生活中避开这个话题，因为社会的边边角角和网络上不断充斥各种新闻事件，这已成为无法躲闪的话题。于是乎，成为我们琐碎日子的日常话题之一。

写于 2020 年 6 月 17 日

与小 C 就青春读书谈

女儿，你不可以读书太少，心不静。

你总觉得青春似乎是用不尽的，有无限的生机和活力，青春似乎是美好的，有无限的可能和广阔的天地。然而并非如此，实际上青春是用得尽的，也并非尽是美好，需要我们认真对待，充满勇气和智慧，不断挖掘自身的潜能，在已有的生活中和工作平台上奋斗，实现可能的人生价值。

朱光潜在《一升露水一升华》这本书中谈到读书，他的一些观点给我留下深刻印象。他说，读的书当分类，一种是为了获得现世界公民所必需的常识，一种是为了做专门学问。我们在校园内外一直在学必需的生活和工作常识，也在做专门学问，或为工作而学，或为兴趣而学。

他认为，读书必须有一个中心去维持兴趣，或是科目，或是问题。

以科目为中心时，就要精选那一科要籍，一部一部地从头读到尾，以求对于该科得到一个概括的了解，做进一步高深研究的准备。以问题为中心时，心中必须先有一个待研究的问题，然后采关于这问题的书籍去读，用意在搜集材料和诸家对于这问题的意见，以供自己权衡去取，推求结论。

现实生活中的我们，常常读书太少，且心不静。女儿，静心读书是一种境界，那是真正的幸福。

当下存在一种倾向，读书不仅不专、不精，而且很杂乱，常常被所谓的“专家”所蒙蔽，一些新词引领了业界，好像很多新观点、新词代表前沿，然而回归思考或内心体味之时，又觉得仿佛领悟不到新观点的魅力所在。这时候我们还常常发现自己知识很匮乏，理论的深度不够，对某一问题的钻研远远不够深刻，仿佛是现实的工作和生活塞得太满而不允许我们求深刻，其实最主要的原因是心不静，读书太少……

或许我们误把一些习惯当成了学习生活或兴趣，或者只把学习生活及兴趣做到了表面。现实社会，互联网给了我们很多诱惑，似乎看了很多信息，但留存的并不多，也没有形成系统的思考和理论体系。

当下，还是应当明晰我们的兴趣在哪里，慢慢寻找，到底钻研什么。当然，可能是基于学习生活和兴趣而生的思考，基于学习生活和兴趣而生的读书钻研，明晰读书钻研的方向，我们最应当的还是找出此领域的经典读，读透吃透，结合前沿理论，形成自己的观点，并将这些观点融入学习生活与兴趣，这样才会深刻、客观、冷静。

心静的标准就是沉下来，不浮华，不随波逐流，不沽名钓誉，使日常工作生活总有方向指引。

苏东坡《与王朗书》曾谈道：“少年为学者，每一书皆作数次读之。当如入海百货皆有，人之精力不能并收尽取，但得其所欲求者耳。”

学习生活与兴趣，均要先明方向，选取精华，沉心静心，读书求甚解，求得精进，方可领略更美的风景……

写于2021年5月4日

第五篇　小家系大爱

家族的人相互连系在一起，才真恰是这个人间独一的幸福。

愿你们每天都愉快地过着生活，不要等到日子过去了才找出它们的可爱之点，也不要把所有特别合意的希望都放在未来。

——居里夫人

05

如何构建良好的家庭关系

如何构建良好的家庭关系？这是一个仁者见仁、智者见智的话题，也是一个比较大的命题。深圳一家心理健康中心的专家提出如下观点："孩子因亲密关系而成长，关系就是生产力，关系就是教育力，好的亲子关系本身就具有温暖、激励、教育的作用。亲子关系是家庭中最根本、最重要的教育资源。"

这位专家道出了亲子关系的重要性，孩子会因为与父母的关系好，产生很大内生力，这种内生力使孩子充满力量，家庭充满向上力。

对于父母如何与孩子相处，孩子如何与父母相处，我有如下感悟。

一、树立家人很重要的意识

你的头脑中要时刻深记一个理念——家人很重要，这样你才能放下自我执念，关注家人的感受，让家人体会自己被放在中央位置的感觉，有受重视感。

家庭关系中常出现这样的情况：

A．家人来电话时不耐烦，没说完就先挂断。

B．认为家人有什么好在意的，对家人说话阴阳怪气。

C．在外头受气，回家大发雷霆，找家里人撒气。

D．家人有需求靠边站，自己有需求懒得说。

E．家人需要你时，你说太忙没空理。

F．有问题时不分析解决问题，把离婚或者离家挂在嘴边。

这些情况说明，作为家庭成员，没能诚心诚意地对待家人，出现了敷衍家人、背叛家人的情形。其实我们常常忽略家里人，这是不对的。一定要记住这句话：家人很重要，要把他们放在你心窝上。

在家庭关系网中，我们是家庭成员中的一分子，同时也是独立的自我，独立的自我往往有很多与生俱来的、深植于内心的思想。这个自我如果能被家庭接纳，就会得到更好的发展；如果这个自我不能被接纳，就会变得非常孤单。

每个自我又都有完美的倾向，每个人都希望自己在家庭关系中很完美，并得到肯定，但实际上人无完人。为了维持这份完美，我们常常不愿意承认和反思，在不知不觉中自我掩饰与辩护，甚至有时候不得不逃避以应对家庭。

在家庭生活中，我们应当做到：

1．改变和家人说话的态度，好好说话。

2．记下家人的需求，也把自己的需求告诉家人。

3. 把最大的耐心和爱心给家人。

4. 把时间和笑容更多分享给家人。

5. 家人需要你时，放下手中的工作回应。

6. 不要认为家人永远不在意。

二、赞美与接纳家人

一定要常常鼓励家人，孩子要多称赞爸爸妈妈，父母要多夸奖自己的孩子，这是一种对家人美好的期待，像一个信号时时在家中萦绕，家人收到这个信号也会更加自信。但是，人无完人，当家人有缺点的时候，要接纳家人的不完美。这是在家庭生活中很关键的，也是常常被人忽视的，大部分人认为和家里人有什么客套的，其实不然，这很重要。

我选取一个案例，据此启发我们如何构建良好的家庭关系。

案例：小Q的故事

小Q上初二，整天闷闷不乐，学习成绩下滑，平时不爱写作业，与父母关系不好，微信朋友圈中表现出自我贬低和渴望被肯定的言语。

小Q最近的表现：①快考试了却没有紧张感，还不打招呼就出去玩，父母很生气。②之前父亲节时还会发短信说“爸爸，辛苦了”，爸爸很感动。最近不但不做这些，还故意晚回家，让父母担心。③上数学课时他没带作业，老师认为他没写，他觉得很委屈就顶撞老师，后被请家长。妈妈当着小Q的面向老师道歉，并且细数他最近的表现，他感觉老师和家人对自己很不好。④总是玩手机，不想学习，不想和父母说话。过去语文成绩很好，最近语文也不上心学了。

小Q的真实想法：不写作业是因为太累了，又因为有时候不写完作业，妈妈经常打骂，不停地指责、唠叨，自己假装没听见，也很厌烦，说急了就顶撞几句，后来就麻木了。希望妈妈改变态度，别总唠叨，别总误解自己，别当外人面揭自己的短。希望别强迫自己和父母出去玩，感觉兴趣不同。希望考得好的时候父母表扬自己，感觉爸爸不太关心自己，想法守旧，没有共同语言，自己与妈妈发生冲突时爸爸永远站在妈妈一边，不爱自己。希望老师别总觉得自己差，当着别人面不留情面让自己无地自容。

小Q妈妈的真实想法：我和孩子的矛盾主要是他玩手机，不学习，也不服管，动不动就发脾气，要不就说“我就不学了”，消极抵抗。快考试了却不打招呼就外出晚归，在学校还气老师，害得我被老师叫到学校。整天也不说一句话，如果不玩手机，学习好，不被老师叫去学校，那有多好。

小Q爸爸的真实想法：以前觉得自己忙，爱人带孩子不容易，所以母子冲突时会一味指责孩子，很少听孩子说，大部分听妈妈说孩子的不好。孩子小时候很可爱，长大了变得话少，特别理解不了孩子的行为。

这个案例中，其实孩子和父母过得都非常辛苦，一家人一定不能互相误解，要沟通透彻，清晰了解对方的需求，和家人形成互助体，真正助力对方，不能各执一念，各自为战，那就比较麻烦了。彼此信任，互相沟通促进才是解决之道。

三、智慧与共赢是处理家庭关系的策略

智慧就是巧妙处理问题。家庭生活中，智慧地爱对方，智慧地生活，最终使每个家庭成员成为最好的自己，达到共赢。这是构建良好家庭关系的目标。

但难免有不理解和沟通不畅的时候，这时候更要智慧。

智慧投入爱：爱的投入以有效性为原则，如果投入的爱是无效的，甚至出现负面的影响，这种爱的方式是错误的。

父母方：爱得刻意而为——避免过多唠叨。

父母方：爱得泛滥成灾——避免溺爱。

子女方：把爱当成理所应当——自私。

子女方：把爱当成沉重的负担——自卑。

智慧沟通：沟通的最好结果是双方都有所收获，并统一思想，达成家庭的共识。沟通是一种力量，让沟通的双方充满信心。

孩子来到世界上，是一无所知的，小的时候无法言语，靠父母的细心呵护，感觉到爱和安全。随着孩子年龄增长，孩子在充满爱的良好家庭关系中找到资源建设自己、发展自己，父母也经常在孩子身上找到力量发展自己。我国心理学专家杨凤池教授认为：“孩子与家长之间不能相互认同，不能相互接受，不能很好地交流和沟通，是导致孩子心理问题乃至心理障碍的重要根源。”

好的沟通，往往是两个平等的信息沟通者完全畅通、自由地表达意见，认真倾听对方的观点，而且跟对方进行平等的、相互尊重的讨论。这样的沟通才是最有效的。

智慧相处：与家人在共享空间相处时，话题可以是宽泛的，但相处无限，界限还是要有的，各自应有独立的空间，尊重彼此的差异。

1. 情感的正确投入度与孩子的成就成正比。

要给予孩子更多的鼓励和正向的引导，尽量不压制孩子的天然向前的天性。

我们也常听到这样的说法，“我就是为了我妈也要怎样怎样”。所以情感的正确投入是建立良好关系的重要因素，正确的情感投入越多，孩子可能越有更大的成就。

每个家庭成员要从内心深处面对自己，面对家人，放下身段，放下内心的骄傲，诚实面对自己的情绪、情感并体会家人的情绪、情感，从而进行深层沟通。因为生活在家庭中，家不断滋养每个成员才有意义，而不是独占鳌头，以任何一方的胜利和满足为终极目标。美好型家庭的终极目标是使每个家庭成员日臻完美，这才是家庭关系发展的最好状态。

不良的关系是产生愤怒的源泉。

2. 正确的沟通方式与教育有效性成正比。

教育过程中，我们都知道，不是教育得越多越好，而是教育得越有效越好。在教育有效性方面，沟通方式至关重要。

举例 1：小明考了 100 分。

父母：宝贝，爸爸爱死你了，你就是棒！马上给你做好吃的。

孩子：我又考了100分，我多棒、多牛！我一点儿也不随你和我妈。我记得你们数学都很差的。

举例2：小明考了80分。

父母：你说你天天怎么学的，考这点儿分（态度粗暴）。

孩子：我考这么差，原因很简单，就是因为你们数学都差，所以我随你们了，我永远学不好。

问题出现了，你是爱分还是爱孩子？如果你爱孩子，你的孩子没有变，还是那个孩子，你却因为孩子考分不同区别对待，考得好的时候你宠溺，考得差的时候就挖苦。

有的家长有应酬，明明知道孩子正处于关键期，需要父母的陪伴，但是为了某种应酬，和孩子说“你爸我容易吗，要在外面打拼”。孩子听到这句话的时候，并不理解你所说的不容易，而是认为你在逃避与他相处，不想陪伴他。

“阳阳家特别有钱，他父母给他请了家教，我什么都没有。”当孩子说出这句话的时候，说明孩子本身已经在为自己学习不好找借口了，逃避学习的责任，而将责任转嫁到父母身上。

很多家长口头上说爱自己的孩子，实际上没有真诚地对待孩子，往往带有太多强烈的自我意识，逃避家庭责任。很多家长收获了外在的名与利甚至虚荣，却忽略了孩子以及家人的感受。

家庭成员之间要设身处地为对方着想，不能以自我意识为中心，应增强家庭意识。家庭的重要性，会在每个家庭成员所做的事情和所说的话中体现出来。所以，每个家庭一定要致力于家庭关系的构建。

1. **从系统角度看家庭关系**。家长要多学习，要提前学如何教育孩子并与孩子相处。孩子处于家庭关系中，也要整体看待自己的地位和对家的作用，形成正能量。每个人发挥作用，智慧处理各种事件，与家人真诚交流，面对真实的自己。

2. **从孩子认知角度变化看家庭关系**。很多家长都有感受，孩子小时候特别信赖父母，看到妈妈哭会心存不安。随着孩子年龄增长，随着父母变老，家庭关系处于不断的变化中，在每个不同的阶段，尊重每个人的年龄差异，给予家庭成员最需要的关爱。

写于 2020 年 12 月 18 日

树立父母的权威至关重要

“权威”体现了两层含义：一是体现父母对孩子的要求，即权力；二是体现孩子对父母的反馈态度，即父母在孩子心目中的威信。这是亲子间互动的结果。

为什么要提“权威”的概念，它的理论基础又是什么呢？

美国著名心理学家鲍姆林德经过研究，提出4种教养方式，即“权威型”“专制型”“溺爱型”“忽视型”。

1.“权威型”，即对孩子“恰当要求、恰当回应”型。

此类父母对孩子的要求“高”而“严”。有明确、合理的要求，会为孩子设立一定的行为目标，对孩子不合理的任性行为做出适当的限制，并督促孩子努力达到目标；同时，他们并不缺乏父母应有的温情，会主动关爱孩子，能够耐心倾听孩子述说，而且能晓之以理、动之以情，激励孩子自我成长。这类父母施行“理性、严格、民主、关爱和耐心”的教育方式。在这样的教导之下，孩子会慢慢养成自信、独立、合作、积极、乐观等品质。

2.“专制型”，即对孩子“高要求、低回应”型。

这类父母会拿自己的标准来要求孩子，而没有意识到过高的要求对孩子的个性是一种变相的扼杀；他们不能接受孩子的反馈，对孩子缺乏热情和关爱，要求孩子无条件服从，不能及时鼓励和表扬孩子。在这种“专制”下，孩子容易形成对抗、自卑、焦虑、退缩、依赖等性格特征。

3.“溺爱型”，即对孩子“低要求、高回应”型。

因父母过度的溺爱而有了今天的“小皇帝”“小公主”，这类父母对孩子充满无尽的期望和爱，无条件地满足孩子的要求，但他们很少对孩子提出要求。随着年龄的增长，这些孩子会变得依赖、任性、冲动、幼稚、自私，做事没有恒心、耐心。

4.“忽视型”，即对孩子“低要求、低回应”型。

这类父母不关心孩子的成长，他们不会对孩子提出要求和行为标准，对孩子冷漠，缺少对孩子的教育和爱。这类孩子自控能力差，对一切采取消极的态度，还会有其他不良心理特征。

鲍姆林德还就她提出的教养方式对亲子状态和儿童成长发展的影响做出了解释。权威型亲子关系中，父母认为自己的权威来自对孩子的理解、尊重和帮助，这种家庭中的孩子具有更多社会责任感；专制型家长则要求儿童对自己绝对服从，希望孩子按照自己绘制的蓝图成长，试图对孩子所有行为加以保护和监督，以专制型教养方式养育出的孩子缺乏社会责任感，缺乏独立思考的能力，做事优柔寡断，心理上容易产生抑郁和焦虑，缺乏学习的灵活性；溺爱型父母更愿意向孩子提供服务和帮助，与子女沟通较好，但是儿童在成长过程中缺乏独立性；“溺爱型”教养方式会导致儿童缺乏创新能力，影响儿童创造性思维和个性发展；“忽视型”教养方式会导致儿童学习注意力转移，如果得不到有效的引导，会荒废学业。

通过以上理论，我们作为家长，可以试着对号入座，看看自己属于哪类家长。也许很多家长无法对号入座，这主要源于孩子的个性化差异。

儿童的身心发展是动态的过程，同时其所在家庭、所在学校、所生活的社会综合作用和影响着儿童的发展，而不是靠单一因素决定。每个孩子都是独一无二的，而心理学家的研究并不能完全生硬地套用到每个孩子身上，每个家长也无法完全遵从同一种教养方式。作为家长，在育儿实践中一定要用心、用情、用适当的方式方法。

北京师范大学心理学教授林崇德认为：真正懂得每一位儿童成长的规律，才能有的放矢地把其培养成人，成为社会和家庭共同期待的人才。

我对小 C 的教育更倾向于“权威型”的教养，在教育她的过程中，我首先做到以身作则，严格要求自己。我在事业上追求自己的发展，以榜样的力量激励孩子，经常和孩子聊天，告诉她妈妈如何努力实现自己的理想和追求。在家中，我和爸爸是有分工的，有时候我们为一个共同的目标，会配合与孩子分别谈话，从不同的角度强化孩子的教育目标。我们会根据孩子的实际进展和身心情况，不断调整目标，提出合理的目标和建议，帮助孩子，对孩子的情绪及时作出回应。

通过实践，我总结出成为“权威型”父母的几点体会：

1. 以身作则，坚持基本原则，严格要求自己，注意自己的言行。

2. 对孩子的要求要采取一致的态度，不可“一个唱黑脸、一个唱白脸”。

3. 根据孩子的实际情况，提出合理的目标和要求，并且协助孩子达成目标，不管是失败还是成功都要态度一致，不可以成喜、以败悲。

4. 以良好的心态和情绪面对孩子，善于倾听孩子的心声，对孩子的要求及时作出反馈，避免“权威”变成“专制”。

在教育孩子的过程中，千人千法。我在实践中，感觉“权威型”的教养方式有很多值得借鉴的地方，在这种教养方式下成长的孩子思维活跃，富有想象力，自控能力强，做事有主见，并且能够听取意见，积极改进，学习方式灵活，勤奋刻苦，善于和同学交流，家长们可以尝试学习和应用。

写于2020年3月

帮妈妈设计家庭关系公共课

第一次接触公众号是在几年前，看见朋友发的文章，图文并茂，阅读方便。我也特别想把我及家人和小 C 一起生活的点滴日常用这种形式记录下来，觉得很有意义。

小 C 一向支持我写文章发表在微信公众号上，希望我能够坚持下去。我努力坚持着，有时文章初稿形成后我就请她帮忙，她不仅帮助我修改，增加点语句，还经常会提些建议，我常常感觉她的观点非常具有建设性，值得采纳。这种互助学习的模式让我收获很多，因为她的观点能从另外的视角弥补我思考的不足。

有一次，她对我的帮助给我留下了非常深刻的印象。疫情期间，我在设计《构建和谐家庭关系》两节课，由于时间紧张，在此之前又没有积累这方面的专业理论知识和素材，在短时间内要加强学习，全面纵览相关材料，快速思考并研究形成自己的观点。同时要考虑如何上好这节课，采取哪些实践例子贴近培训对象并使之有所收获。这些都是那时摆在我面前的难题。我回家后立即与女儿交流，并且说你是家庭中的一员，对这个主题一定有自己的想法，作为听众也一定有所期待，希望这节课如何呈现，所以是否可以帮助妈妈设计一下课程，形成一个小的教案。她乐于助人，看到妈妈有困难急需帮助，立即出手相助，非常爽快地答应了。她用一上午的时间完成了课程设计，拿出了完整的课程设计思路，并对授课案例的选择提出了建设性的意见。这使我非常震惊，我没有想到一个13岁的女孩也可以设计一节课程，特别是她还能够加入很多自己的思考和独特的元素。我非常感谢她的帮助，按照女儿的课程设计思路，又进行了补充、完善，查阅大量的文献，在广泛阅读和大量听取同行的观点后，结合自己在家庭教育关系中的思考和领悟，与女儿小C合力完成了两节家庭教育课程的录制工作。

随着小C的长大，我们的交流越来越少，她的学业任务越来越重，她放弃了很多爱好，比如以前常常闲来无事“摆弄摆弄”的书法、钢琴，日子变得短暂、忙碌，单调且重复，学业的内容越来越繁多和庞杂……

有一天，我和小C说:“女儿，最近我和你的碎碎念一直没有更新啊，因为你的生活实在太单一了，你的思想我又掌握不了，要不你自己写日志吧，妈妈帮你整理。”小C面露难色:“妈妈，我真的太忙了，很难有时间。”我说:“那你也不能不帮忙吧，这个公众号当初是给你开设的，你应当出力。”小C说:“妈妈，我对这个公众号的贡献率一直非常高的。”我说：“你不就是帮助妈妈看看稿子，稍稍改改，你有什么贡献？”“不，妈妈，你忘记了，这个公众号的主角是我，如果没有我，就没有公众号了。”哈哈，原来是这样的。

在与孩子相处的日子中，总有很多快乐，来自日常，来自随意，可是总能在我们心中留下很深的温暖印象。我想每个家庭和每一对母女或父女都有很多独特的属于自己的故事和温暖，这些温暖常常能照亮孩子和家长，使生活变得有趣而快乐。

每个家庭都能捕捉到这些不经意间的日常小事，组成生活的点点滴滴，汇成美好的和谐家庭图景。

写于2020年3月22日

你是我生命中的春天

在纷繁且复杂多变的世界里，我寻找更多的真，“真”带给我温暖、信赖、真诚、厚爱。

高中那年，纯粹的“真”出现在我生命中。冬日，非常寒冷，他穿着一件厚重的“棉猴”走进班里，坐在我旁边，然后唠唠叨叨和我说：“真是烦死了，穿棉猴，特别笨拙，没办法。”我大笑，笑话他说：“你不穿不得了。”他冲我笑……

高二，学校举行 5 千米越野跑比赛，从学校出发绕校园周边跑 5 千米。我被大家公认为耐力不错，自然是参赛了。队伍从学校出发，人越跑越少，星星点点散落在路上。跑起来才发现 5 千米好长、好远，孤单、沉重地迈着步子。突然身后自行车铃响了，啊！熟悉的他。“我累了，带我一段。”“快，上来！”一跃而起坐在永久 28 自行车车座后面。这辆车经常放学后带我回家，好轻松，心好暖……无疑，载行一段，比赛取得圆满成功。

高三那年，大家学习很烦闷，白天我们互相鼓励，晚上熬夜背书。那时通信并不发达，彼此相约背书的日子使岁月并不孤单。高考后我们考上不同的大学，周末我们时常一起回家，他总带我坐破旧的公共汽车，一路说说笑笑，并不觉得颠簸和路途遥远。大四那年，他借了一辆老式桑塔纳，把我从校园接回家，一路上听着音乐，他说以后我们会有一辆这样的车，他会放着音乐，带我天南海北地玩。小小梦想总是充满希望。

上班后，才发现日子充满无奈与无助。他经常加班、值班，留我一人在家。从害怕到勇敢再到从容，我成了妈妈，生活变得越来越忙乱，满屋的狼藉和添人口后的一切应对，我们各尽其责。

2018 年，我们终于凑到 20 年里唯一的 7 天共同假期，坐上飞机，飞到新疆，走过一望无垠的田地，眺望看不到尽头的路。他凌晨 4 点兴奋地把我拎起来爬到很高的山上拍摄炊烟，尽管寒冷，我依然充满勇气随他行。他总在问:“冷吗？”我永远回答:“冷死了，看什么破炊烟。”他笑着一遍遍问，我一遍遍地答……寒冷中透着太多的难忘与美好。7 天里我们临海吹风，时而观白云满天，夕阳西下，时而看羊群马队，时而 150 迈驾车狂奔，金黄色的田野上留下了我们已步入中年的身影。

时光荏苒，我们这样一同成长，一同变老。岁月太过残酷，不曾用心静好，却已步入中年，谢谢在我生命中的每一天携手共同见证岁月。未来，定不辜负，赴向美好。你永远是世界上最懂我的人，你永远是我生命中的湛蓝天空，你永远是我生活中的春天，天空与春天的陪伴让我不愿辜负这份美好，还你于家的承诺、健康的誓言。你就是我生命中一直寻找的那份“真”，带给我浓得化不开的纯情。当世界黑暗，你就是我生命中的光，带给我无尽的温暖、信赖、真诚、厚爱。谢谢，此生无憾！我将竭尽全力成就美好，爱你如初并深于从前。

写于2020年9月22日

爱你如初并深于从前

你对我好，我对你更好，人之常情；你对我信任，我对你更信任，用在家庭中更是。

倾尽一生去爱，只因对方倾尽所有给予了爱，绝不能辜负。

温暖、体贴、责任感强、稳重、能力强、包容、大爱、敬业就是我眼中的你，每每看到你对人对事的态度，总能燃起我去无限爱这个世界。你眼里的人是友爱且充满情感的，你心中的事是正当且充满理解的，你言谈中的单位是忙碌且充满正能量的。有你就是春天，有你就是美好，何其幸运，有你相伴，是我一生的荣耀与幸福，其他的一切终将是生活的配角，你将成为我一生的主角，来世亦求。

我曾有烦恼上心头，曾为友情落泪、为自尊而呼、为背叛而伤、为误解而痛、为选择而难、为亲人而忧。你是真正懂我的，说我真挚而纯粹，值得珍爱，也告诉我凡事已尽美好，不必强求，爱自己所拥有的，做到光明磊落、坦诚相待就很好，也告诉我痛苦烦恼人人皆有，看轻看淡愉快过生活。因你铁打不动的循环值班日，还有你与朋友、同事友爱的“局”是我永不干扰你的部分，因为爱你，我愿给予你无限空间和自由，只要你喜欢。你对生活的热爱、对人对事的态度和对我的理解使我受益匪浅，你常说我可爱至极、幽默有趣、待人真挚，纯粹有才情，鼓励我写文观景爱生活。你喜欢带我看电影，虽然我常睡着歪在你肩上；你一有时间就带着我四处去玩，经常指引我看山观景，体味生活的灵动之美，虽然我经常犯懒等你做攻略和安排，并不配合照相，你仍乐此不疲，查找特色景点和美食，一次次邀请我和小C试镜。

每每你在家，总给我们做美食，早上让我们点餐，我们要吃饼你做饼，我们要吃片汤你做片汤，我们要减肥你就自己吃。你总是一切都依我们，从不要求我们，给予我们无限自由。

你包容了我的一切，脾气、性格、习惯、爱好、言语，你几乎没有责怪过我，你用你无限的温柔、耐心、温暖让我保留了自己所有的个性。何其幸运，此生与你相遇！

也许你不知我很感恩并深爱着你，你却常常感恩于我和小C，并要求女儿要多多爱我，你告诉女儿要把妈妈排在心中第一位，要珍爱妈妈。女儿给我揉腰捶背，在我没到家就煮好饺子给我，学业繁忙时还给我做烧茄子，今年甚至开始承担一些家务。在女儿承担家庭责任的背后，我看到的不仅是女儿的成长，更看到是你对我厚重的爱潜移默化地影响了她。吃饭时，你常常包好一角饼，精心选好瘦肉、选好细切的菜码夹在里面，然后递给我，好多次让我猝不及防地感受到温暖。

我和小C总取笑你“帅哥穿围裙”，你从不介意，仍讲究地切菜、切水果，装盘出炉，我们常常大赞你的厨艺，瞬间就开始狼吞虎咽，然后留下一片狼藉的桌面。你总是心满意足看着我和小C，还说我俩可爱至极，又毫无怨言地收拾桌面，干净又利索，不给我和小C机会收拾，一眨眼你已收拾得干干净净。偶尔你接工作电话或者我俩看你累了，学着你的样子也精心收拾一番，你都感恩，夸我和小C对你好，帮你分担。我和小C是幸运、知足、感恩、幸福、快乐的，我和小C也视你如珍宝……前天你得重感冒，我俩不知所措，抓心挠肝地找药找水恐你不舒服，亦是证明我和小C多在意你。

谢谢你，亲爱的一生挚爱！在我失落、伤心、快乐、灿烂的每一刻，你的爱始终包围着我，一生有你足够，爱你如初并深于从前。

写在第二十二个结婚纪念日　2021年9月20日

时光里的幸福

我的妈妈很爱我们，对我们兄妹三人照顾得无微不至。妈妈的爱非常细腻，她总是让我们多睡觉，自己却起早贪黑给我们兄妹三人做早饭，然后送我们去上学。

我们吃饭时妈妈常常把筷子摆好，就差替我们三个吃；我们吃饭时妈妈常盯着我们兄妹三人，老大吃没吃菜，老二喝没喝汤，老三吃了多少。我是老三，家中唯一的女孩，从小享受特权，不吃剩饭，剩饭都归二哥吃。

当着大哥的面，至今我仍有底气说，二哥是兄妹三人中最“忠厚”的，饭菜和物品从不挑不拣；我经常欺负他，把不好吃、不爱吃的扔给他，吃剩的推给他，他总呵呵一笑，全都笑纳。爸爸妈妈是允许的，就一个宝贝女儿，想干嘛干嘛，开心就行。

我们兄妹三人感情深厚，形成各自不同的性格，妈妈总引以为豪。那日，我们和妈妈谈天，谈到小时候的趣事，大家都细数小时候各自的烦恼和快乐。

二哥小时候喜欢攒烟纸，各式各样的烟纸。他经常沿铁路走十几公里，把烟纸捡回来洗干净，用玻璃板压好，平平的，非常精美。二哥太爱这些，天天捣鼓，终于有一次成绩没考好，被妈妈气急败坏全烧了，好像这是我记忆中妈妈与二哥为数不多的冲突。

我记得大哥常常带着我和二哥抓蛇，拿气枪打鸟，还打下鸽子烧着吃，也在夏天跑到河坑里抓泥鳅等。大哥、二哥喜欢大自然，也抓过很多小螳螂、蚂蚱养在家里，放在一个小盒子里，在上面扎很多孔用来透气。

记忆中非常深刻的还有爸爸下班途中捡回来一条小狗。爸爸说，下班途中，它一直跟着爸爸，爸爸看它无家可归就把它装在车上带了回来，这可能也是某种缘分吧。

小狗在我们家一直生活了十几年，有一次大哥带着小狗玩，突遇危险，为了救它，撞在铁丝网上，肩膀上留下了深深的疤。小狗很矮、很壮，身高也就 30 厘米左右，体长和过去的柴狗差不多，这样的身材不但漂亮，也让它在战斗中占尽便宜。它有双温情的眼睛，尤其在看家人的时候，充满信任。养小动物给我们的家庭带来很多快乐。

我们三人是幸福的好兄妹，家是藏着最美时光的港湾，让我们一起创造美好。

写于 2021 年 3 月 31 日

老甜心和小甜心的生活之甜

老甜心，是我妈妈。为了我，她倾注了所有的爱——送我上学，让我接受好的教育，支持我考学，帮助我装修房子，天天帮我做饭，我怀孕时和月子里陪伴着我，在我出国期间照顾我家的一切。老甜心不爱说话，就喜欢默默奉献。而我，做得太少了。

比如，小的时候，老甜心为了给我做饭，从单位跑回来做完饭再去上班，我真不知道她累。比如，我上小学时，天天晚上玩到很晚，等老甜心快回来的前几分钟跑回家假装写作业，我真不知道她非常在意我的学业。比如，我上初中时，老甜心怕我住校吃苦，一定要找离家近的学校，费尽了口舌，想尽了办法。可我并不知道，我只告诉她，住校多好啊。比如，我上高中时，天天放学打篮球不回家，虽然考试全年级第七名，但哥哥帮我开家长会时还是被老师狠狠批评，说我不爱学习，老甜心护着我，我并不知道她和哥哥意见有分歧，因我而争吵。

比如，我报志愿时，不问她就报，还说出一堆理由，她都同意了，我真不知道其实她很在意我的志愿，只是尊重我不做干涉，我还夸夸其谈地告诉别人我是如何独立报志愿的。现在回想起来很可笑，虽然我选择了喜欢的教育院校。

比如，我上大学时，天天忙着社会活动、考试，一两个月才回家一次，我并不知道她非常想念我，给我写信就是为了表达这种心情，可是每次她还说，“家里很好，你要好好学习”。

比如，上班以后，我总是住在学校不愿意回家，其实离家并不远，但是觉得回家没意思，不如在学校和同事吃吃饭、玩一玩。她总想让我回家，但我并不知道。

比如，我结婚以后，她好几次晕倒在家里，我都不知道，因为她病了从不告诉我。比如，我有了小C，她总是天天陪我，换着样给我做饭，可我并不知道她腿摔得那么严重。

比如，我生孩子时，只知道自己疼，并不知道她花了好长时间把家里打扫干净，而且一直在产房外等着我。

比如，我去国外读书，天天不停地写论文，可老甜心不但照顾我的孩子和家，还帮我照顾我的爱人。

比如，我为了小C的英语学习，找了个美国老师住家，老甜心帮忙照顾他，与他和谐相处。比如，我为了小C的学习，准备找几个学伴，老甜心说这是好事，非常支持我。老甜心知道我工作忙，总是帮助我照看家里。

老甜心给我的爱和帮助太多了，而我只带老甜心去过有限的几个地方。今年去巴厘岛玩，我要带老甜心去，她说怕自己头晕拒绝了，而且她说她生活得很快乐。后面计划去加拿大，老甜心也一定去不了，因为她的身体不允许。我好像为她做得太少，总是为了工作、为了朋友、为了自己的事情，忽略老甜心，老甜心的心思却都在我和女儿身上。非常对不住老甜心，有空我要认真想一想，如何能让老甜心的生活更加快乐和有意义。

小甜心，是我女儿，也是我非常对不住的人。有一种思想一直主导着我，这种思想就是不能把全部心思放在孩子身上，她有她的生活，我有我的生活。从小便培养她有独立的思想、独立生活的能力，特别小就让她独立做这个、做那个。玩的时候让她自己玩，看动画片的时候让她自己开电脑，让她别轻易麻烦妈妈。跳舞的时候让她自己换衣服，跳舞结束后自己去另一栋楼上书法课。回家时让她帮我拿包，遛狗的时候让她自己去，送她到幼儿园让她自己下车，自己进学校。托儿费让她自己拿着去交，把找回的钱收好。接她放学的时候天天晚，让她在传达室等。我累的时候让她帮我干活。布置完作业，让她自己做，问题不要一个个问，要放在一起问。我自己的事情总是比她的事情重要，我总是不想因为她而影响了我的计划。

记得去年，我把小甜心送到幼儿园，让她收拾好书包自己下车。等我掉头，再路过幼儿园门口时，看见她在幼儿园门口哭，我快速下车问她："甜心，你怎么啦？"她大声哭着说："妈妈，我的记录纸被大风吹走了，我追了好长时间，我追不上它，风一直在吹。"那一次，我心里好难受，突然感觉，她还小，很多事情其实她处理不了，虽然她想方设法让自己做到。

她乐于助人，特别爱帮助我，总是提醒我开车时小心，在车上告诉我，不用着急，系上安全带，开车别打电话。我一倒车，她就帮我看着车，有时候还说："我帮你下车看着，你别着急。"而到目前为止，我为她做得特别少，每次都想着要引导她读书，给她讲英文小故事，帮助她找解题方法，和她一起玩游戏，可是每次我都觉得自己有好多事情需要做，而没有去实施。"三八节"那天下午，我回到家告诉小甜心妈妈休息半天，不上班了。小甜心开心地跳起来说："不上班太好了，可以陪我玩了！"以后的生活中，我一定从我的计划时间中分出一部分给小甜心，尽到妈妈的责任。

写于2012年3月11日

快乐而温暖的夜

小 C 的爸爸一回来，家里总是欢乐的海洋。我和小 C 平日里在家经常是看书、工作，家里总是静悄悄的。爸爸一回来，气氛马上变，电视打开，音乐响起，新闻不断，饭菜飘香。今天又是我在屋里看陆小曼写的文章。最近我迷上了这几人的传记，先看梁思成，又看林徽因，再看徐志摩，最后看陆小曼。

我好奇于林徽因明明知道徐志摩爱她，也是初恋，为什么在徐志摩为她离婚后还是嫁给了梁思成。

我也好奇于明明徐志摩的原配本是大家闺秀、书香名门，在离婚之后仍然侍奉徐志摩父母终老，为什么徐志摩就偏偏离婚，负心于她。

我更好奇于陆小曼死活要嫁给徐志摩，偏偏不听劝说迷上鸦片和社交，偏偏徐志摩飞机失事后素衣决绝于社交场。徐志摩活着的时候劝她写点儿序，写点儿诗，她偏不听话，一定要等徐志摩死后一桩桩地了却徐志摩的心愿，写序，写诗。

我又好奇于徐志摩如此好脾气，听命于陆小曼，为什么不去管她，明明知道鸦片不好，懒惰不好，应该明辨是非，哪里能纵容到那般光景，弄得自己痛苦至极，绝望悲苦中遭遇横祸。

有时候，我们发现，命运就是这样，受命于缘分，受命于性格，受命于内心的追随。如果徐志摩与原配情投意合，他的命运一定不是这个下场。也许林徽因不是因为见到徐志摩的原配不会回国，不回国自然也不会遇见梁思成，在那个年纪里成就了那桩婚事，不会害徐志摩为了来听她的演讲命丧黄泉。

也许徐志摩不是因为错过林徽因，不会娶陆小曼，这一系列的也许都是源于对自由的追求，源于对爱的追求，最终又听命于现实。

我们也不必常常执着到底，你以为你执着的就是你想要的，其实未必适合，最好的也许就在当下，就是你所拥有的。只是由于你的执着迷了你的眼，看不到你拥有的人和事物的美好，而单单以为只有自己苦心努力得到的才是最好的。其实不尽然，我们有时要听命，有时要随遇而安。

很多人经常执着地追求内心的原则和所求，其实随着年龄增长，应该慢慢学会反思，放下执念，遵从于现实并没什么不好。有些我们无法改变的人和事物，不如自己去改变，去适应，去留住美好，不负君心尽得乐，并不是我们真的没了原则和所求，而是我们为了留住更需要珍惜真爱的现世。现世就是缘分，缘分终将难求。

与什么人相见，与什么人相知、相遇、相伴其实都是缘分。我们往往在缘分上投入太多期待与情感，希望对方满足自己的需求，觉得对方就应该满足自己的需求，甚至要求对方按照我们喜欢的方式爱我们。可是，我们反观，难道旁人就不会对我们投入太多期待与情感吗？不希望我们满足对方的需求吗？

所以，人人或许都是孤独和无助的，包括强人，无非是强人在我们知道的方面强，我们只观到强的一面，他一定也有需要保护的内心和脆弱。

这样看来，我们还是需要反思和共情的，最终还是要看我们看重什么，如果我们看重大的方面，看重爱和缘分，重情重义，或许我们就会为了大爱、大局、大情、大义做出牺牲和让步，放下执着，学会反思，追求幸福和得到真爱。

从书评回到现实，我看到小C与爸爸依偎着在沙发上一起看手机，好像是共同查找什么。我认为看手机时间过久，就去跟他们说了一些笑话，然后我和小C爸爸说："每次都是你一回来，就破坏我们的学习氛围。自从你回来，小C就一直没学习，我也没工作。"

爸爸立即反驳道："什么啊，都是你们主动来找的我，我在看电视，是你们一个个过来找的我。"小C插话说："我要去学习了，一会儿妈妈要生气了。"说完也不回屋，还在乐呵呵地与我们说笑，分享趣事。我说："行了，玩闹都快40分钟了，快去学习吧，回头写不完作业，睡不好觉，到时又着急。"

小C笑着说："爸爸昨天值班，好不容易回来，我多待会儿。"我说："你和爸爸的关系不用维系，很好。"话音未落，小C爸爸说："谢谢，我以为你会说，你和爸爸的关系没好到那份儿上。”

我们三个相视而笑，愉快地各自做自己的事情。小 C 学习，爸爸看电影，我看书。家中就像洋溢着欢乐的海洋，特别是爸爸值班归来，总是感觉日子多了一些快乐。

家是一叶小舟，承载着快乐与幸福，承载着信息与交流，承载着温暖与和睦，承载着思想与书香。家和万事兴，让家的小舟不惧艰辛与风雨，带着家人驶向更远方。

写于 2021 年 8 月 26 日

疫情期间居家的一天

昨晚没睡好，一晚上腿沉得厉害，估计是疫情带来的连锁反应。下楼变得好奢侈，本来昨天下午想锻炼一下，老是放不下那些读的书、看的文章和那铺天盖地的疫情消息，总怕错过什么，又怕延误什么，心终不得安宁，脑子终不能放松。疫情发生后，整个人一直是这样的状态，想着疫情期间居家做些有意义的事情，并不如人愿。原本平日里不注意的诸多事情一下子集中变成这一时期的主要矛盾，攻坚克难的任务愈发多起来，感觉随着国家疫情数据的变化，整个人的心情也是忽上忽下地跌宕起伏。

今天，终于挨到了周六，爱人一如往常的温暖，在厨房享受他的美好时光，给大家精心准备美食；我则由于昨晚身体变沉，突然意识到健康的重要，开始认真地在跑步机上跑步，平时总是应付；女儿在昏睡，自从过了 14 岁生日，我已经完全随了她自己的作息时间，再不横加干涉；老妈又坐下来开始画她梅花主题的国画。这让我很满意，每个人各得其所地生活是家庭幸福的核心要素之一。

疫情打乱了生活节奏，上一次大段时间的居家办公还是17年前的那场Sars，今年再次遭遇冲击生命的无常灾难，让我想起那段抗击Sars疫情的日子。当时我才20多岁，爱人由于是密切接触者被居家隔离，当然我也作为密切接触者的密切接触者被隔离，彼此分开隔离，我们总是隔空发信或画些无聊的画，彼此传递“还活着”的消息。那时候年轻，并不像现在懂得如此珍惜我们彼此拥有的意义，总以为岁月悠长，生活还有很多精彩，爱人只是生活中已拥有的一部分，并无今日的“不可或缺”的危机感和难以别离的左右手真切感。现在回想很是后怕，两人稍有不小心就会走不完全程，这样看来婚姻似赌局，更是离与合的博弈战，走到最后靠的一定是“珍惜缘”三个字。谢天谢地，一路珍惜并肩走来，从Sars之战走到今天的新冠肺炎之战，始终左右相伴，不曾分离。

从年轻的工作选择到暮年的居住场所，身边的人来来往往，事事历目，我们忙碌地处理着生活与工作中的事情，仿佛这一辈子会有做不完的事情，我们的时间总是不够，不经意的Sars、新冠肺炎让我们停下脚步，疫情得到控制，我们又开始紧张地复工复产，奔向未来，但是未来到底是什么？你在做什么？你最终要实现什么？你想过吗？

扪心自问，其实最初的人生，于我而言，只是一个大学毕业生期待着去一个单位看看转转，并无目标，进了单位就开始根据单位的优秀标准去努力。不经意的似水流年，我们或优秀或沉沦，遭遇或冷或暖的岁月，弯弯绕绕的人生走下来，我们就要考虑退休的事情了，仿佛所有青春梦想与我们无关了。我们等待退休，期盼退休，仿佛退休就是对工作最好的交代……

日子就这样一天天地过，在国家不断崛起的背景下，身为中国人感到满满的骄傲，和领导及同事一起熬夜奋战竟然有“赴死必胜”的悲壮感，不敢有一丝懈怠，防控疫情是第一要务，说其他的全是废话！

前几天的雾霾让人心情阴郁，好在今天的天蓝得醉人，给人几分欣喜……我的大学好友最近陷入了统计数据的悲壮中，每天的数据变化靠人工打电话，然后集中，再人工在表格中填写。她陷入一堆表格中，简直崩溃，我不知如何安慰她，只是默默心疼。我想抱抱她，给予一些关爱，疫情当前也实现不了，甚至一个鼓励的眼神她也收不到……

中午时分，阳光温暖，我懒到用扫地机扫着地，爱人在厨房做美食，妈妈在画梅花，女儿在做数学题，我在思考并写下上面的文字。有人问，你写这些文字有什么用？我也不知道。我想，过几日，我一定觉得今天很美好……

写于2020年2月22日

爸爸写给小C10岁生日的信

亲爱的女儿：

在你即将10岁之际，想代表你妈妈和你说几句心里话，不知你能明白多少、读懂多少，只想把我们对你的爱原原本本告诉你，也许再过10年或者更长时间，你能明白我们的良苦用心。

一、关于生命与健康

之所以想与你谈这个问题，是因为世上的一切没有比生命和健康更重要的。我们赋予了你生命，妈妈把你孕育成人，姥姥10年来一直陪伴你，你的健康不仅仅属于你自己，同样也属于我们一家人。没有健康，学习、工作、生活一切皆无从说起。你认真想一想，这些年来妈妈遭遇的车祸、摔伤、头痛给她带来多么大的痛苦，影响着她的工作和学习，我们看着她有多么的心疼。多年来她不能有太多的社交，因为车祸和身体的原因，可是我们谁也代替不了她。如果你病了，可能我们会更着急，所以，我们希望你有一个健康的身体，远离疾病。不要认为妈妈每次说你坐姿不好、握笔不对、刷牙不彻底是在挑剔你，你也不要对我们的提醒心不在焉，40 岁的我们因为这些问题，已经使得颈椎、眼睛和牙齿出现了问题，不想你也像我们一样难受，天天靠按摩、吃药过日子。我们希望你健康一辈子，这比什么都重要。

二、关于感恩与学习

还记得你演唱的《感恩的心》吗？“感恩”两个字可能你还不能完全体会它的含义，但我只想让你记住姥姥、妈妈在你出生后 10 年中为你所做的一切，你离开妈妈的肚子来到这个世界只有 10 个年头，对你来说这只是个开头，还有若干个 10 年在等待你，而对我们来说已经辛苦抚养你 10 年。从妈妈怀你时呕吐不止，到妈妈怀抱你被推出产房时全家人高兴不已，再到 10 年来姥姥每夜陪你入眠，这些场景我都历历在目。从 5 岁起，妈妈开始教你英语，在工作之余，英语的教授从未间断，把她所有的时间投入进去，她有时候累得连吃饭的力气都没有。同时，为了让你更多地尝试，在征求你的意见后，先后给你报了书法班、美术班、钢琴班、声乐班、奥数班。因为不知道你的潜能与热爱所在，只想尽我们所能争取给你找到最好的老师、受最好的教育。为了不让你受委屈，3 个月来，妈妈每天没干别的，除了在网上买东西，就是设计家庭装修方案，与装修工人搬来搬去，把我们的家设计成了温馨的家，供我们全家人休息和学习。所有这一切的付出，我们都心甘情愿，我们不求你的回报，只希望你怀着一颗感恩的心，认真学习和生活，可是你总是心浮气躁，满足于自己取得的小成绩，沾沾自喜，不求深入，也经常被困难打倒，只有被爸爸妈妈督促才会踏实学习，时间观念欠缺。学习是自己的事情，知识和技能也是自己的，你学习所获得的都会在你今后的学习与工作中派上用场，给你带来更多的益处。所以，你要怀着一颗感恩的心自觉地学习。

三、关于“面子”与“自信心”

好面子与自信心不足是目前我们看到你身上存在的主要问题，作为大人的我想告诉你，“好面子”是自尊心强的表现，是好事。但太好面子只会让自己难堪，别人根本不会在乎你的感受，也很难体会到，相反还会认为你是个没本事的人。你应该做一个“脸皮厚”的人，做一个不耻下问的人，只有“厚脸皮”不怕别人说，才不会被不利因素轻易打败，会比别人获得更多机会。要记得“人外有人、天外有天”。

你始终有些自信心不足，无论是你在表现特长，还是发表见解方面，都有些胆小，怕别人说你不好，其实很多时候，你已经做得很好了，不比别人差。可是由于你的不自信，使得成功与你擦肩而过，要学会为自己“打气”，要有更大的自信，才会使自己更有优势，这也是妈妈一直以来对你的期望。

四、关于时间与毅力

看了一位父亲写给自己女儿的信，关于时间的内容写得很有道理，所以拿来和你说说。时间最公平，每一个人的一天都是24小时，时光最易得，但也最不为人所珍惜，时间是补不回来的，浪费了就是浪费了。爸爸妈妈给你报的班确实不少，但你说你很喜欢，时间对于你来说很宝贵，希望你能珍惜。与时间同样重要的是毅力。同等时间里，你练习得多，获得的东西就多，取得的成绩就大。记得妈妈和你说过的“一万小时原理”吗？无论什么事情，只要你有毅力，每天坚持弹琴、练书法、唱歌，爸爸相信你会成为“钢琴家”“书法家”“歌唱家”，虽然你不一定要成为“某某家”。

亲爱的女儿，以上这些问题，其实我们已经和你谈过很多遍，也和你急过很多次，可每次你都没有真正理解，没过几天又出现了“好面子”“不自信”“学习没毅力”的老毛病。希望你能安排好自己的时间，控制好自己的情绪，尽最大努力去学习和感受生活之美好，做一个该学习时不浪费时间、该休息时尽情释放的孩子。

爸爸写于2015年11月6日晚

与小 C 探讨幸福的要素

想要生活幸福，什么最重要？

一是加强锻炼别偷懒，身体最重要。有身体才能自立自理，在此基础上才能照料家人，帮助别人，奉献社会，才不会给家庭、他人、社会增加负担。你常常以为你身体挺好，不一定是真相，要高度重视健康，要自律运动，自律作息，遇到天大的事都要先睡好吃好，保持身体健康，其他事都先放放。没有健康的身体还能解决什么事，还有什么资格愁？你连烦恼和愁的资本都没了，学习好坏、有没有面子、住多大房子，没有好的身体都没了意义。人不要陷入无限地追求身外之物的泥沼之中，随遇而安、健健康康是最高级别的幸福，你拥有就应珍惜并保持。

二是家和万事兴，父母、朋友、家人最重要。任何时候我们都需要温暖的家，你整天忙碌，或忧或愁，或安乐或知足。试想，如果世界上就你一人，无父母，无兄弟姐妹，无家可归时，你有再多财富都是空壳，故每个人对家都有义务，每个人活着不要自私。一家人要互相帮助、理解、支持，不为小事而气，孝敬父母，看长远，创和谐，每个人的安危都关乎家族兴衰成败。要听家人劝，做靠谱听话的家人，要爱家，要多考虑家庭而非个人，家庭稳定，社会也安宁。

三是调整心态，让自己知足快乐最重要。幸福感对人非常重要，平安、健康、快乐就是幸福之最。放下所有抱怨和想不开，一定要学会摆脱坏情绪，没有比追求快乐幸福还重要的事情。如果正感受不快乐、不幸福，抛掉烦恼，找值得的人和事使自己开心、快乐起来。

要给自己空间和时间，空灵的意思是空才能灵，不要总是把生活排得满满的，过有计划的生活没有错，但计划不是赶时间，而是一定有很多的“空”和“白”的时间，让人思考，与人交流，陪伴家人，做些闲事，这是不让自己成为机器而成为会思考的人的重要组成部分。人生是场马拉松，不是短跑，人生比的是长短，不是快慢。

感受此刻幸福，健康，吃饱穿暖，安稳睡觉，别刻意追求苦痛的东西，特别是陷入学习好坏、是否优秀、得名得利之争，顺其自然是最好的状态，不要为尘嚣和琐碎小事而浪费时间和生命，你的时间应该尽可能多地感受快乐，缠于琐碎必然琐碎，做力所能及不为难之事，无愧天地和你自己的良心就足够了。

不要追求完美的结果，不要为了讨好谁而生出很多卑微，更不要想让所有人说你好、理解你。当身边的同学、老师或外界说你不好，不理解你或诋毁你时，只要说的不是真实的，千万不要放在心上，任何事物都是变化的，日久必有结果，他们只是逞口舌之快，万事皆有因果，要守口德、正心态，你若为此伤神岂不更傻。你就是你，只要无愧于心，路遥会知马力，不必急，慢慢看生命风景，采集人间冷暖，感受人间四季，皆是福来。

财富和名利不会长久，再多皆是空，调整心态，在健康的身体条件下感受不到快乐和幸福，是一生最大的损失啊！找到一丝一毫快乐，感受爱和幸福，简单地看风景，看人生苦乐，人情冷暖，你永远幸福美满、吉祥知足。

写于 2020 年 10 月 6 日

读懂孩子，是教育的前提

唐珊珊

深夜看完《懂得才是爱》后，我先去抱了抱已经睡熟的娃，然后想起了一首小诗——

上帝给我一个任务，
叫我牵一只蜗牛去散步。
我不能走太快，蜗牛已经尽力爬，
为何每次总是那么一点点？
我催它，我唬它，我责备它。
蜗牛用抱歉的眼光看着我，
仿佛说："人家已经尽力了嘛！"
……
真奇怪，为什么上帝叫我牵一只蜗牛去散步？
"上帝啊！为什么？"
天上一片安静。
好吧！松手了！
反正上帝不管了，我还管什么？

让蜗牛往前爬，我在后面生闷气。

咦？我闻到花香，原来这边还有个花园！

我感到微风……

咦？我以前怎么没有这般细腻的体会？

我忽然想起来了，莫非我错了？

是上帝叫一只蜗牛牵我去散步。

教育孩子就像牵着一只蜗牛在散步。

从《懂得才是爱》中，撷取作者智慧的闪亮小星，其乐无穷。从作者诗意又有哲理的文字间，我读出的中心思想就是：教育孩子，要以读懂、理解孩子为前提。无论是作为教师，还是作为母亲，我都深有感触。

一、"小黄帽事件"的启示

第一个启示

读过关于小黄帽的故事，我其实很羡慕小 C！她有一个如此懂孩子、会教育，更会反思的妈妈——肯在教育孩子的问题上下这么大功夫，付出如此的心血，实乃偶像！

在孩子因没戴小黄帽而大哭时，第一时间送去安慰：

"你刚刚上学，很多事情一下子安排得没那么完美，我帮你和老师说明情况，老师一定会理解你的。"

在发现小 C 还停留在不好的情绪中，迅速地分析原因，继续寻找解决的办法：

“没关系，别再想了，在这里哭没有任何意义，哭也不可能把小黄帽变出来，事已至此，应当考虑下次如何注意避免再次发生，不用想那些没用的了，而且不戴并不是严重得像你想象的那样。”

在没有确定孩子完全摆脱负面情绪时，小 C 的妈妈依旧耐心观察、积极开导，直到孩子走进校门、进入班级，开始正常的学习生活。这样懂孩子、关注孩子的母亲教育出的孩子又怎会不出色？！

相较之下，前一段热搜新闻中那个“当街暴打母亲”的 15 岁女生就没那么幸运了……

据说起因是女孩的手机坏了，妈妈原本答应要给女儿买新的，女孩自己攒了 4000 元，妈妈出 2000 元。到了手机店后，妈妈给舅舅打了一个电话。舅舅说没有必要买新的，旧的修修也可以继续用。妈妈就突然反悔了，不愿再给女孩买手机。女孩很生气，非要让妈妈给她买手机不可。母女二人从手机店内争吵到手机店外，女儿哭得非常厉害，所处路段又是热闹城区，很快就吸引来很多看热闹的人。人们纷纷拿出手机，录像取证，进行直播：“快看啊，妈妈不给女儿买手机，女儿和妈妈干起来啦，现在的小孩子好恐怖哦！”女儿一看里里外外聚集了这么多人，就催着母亲赶紧走。母亲一看里里外外聚集了这么多人，原本推着电动车要走，忽然停下来不走了。任凭女儿再怎么催促，母亲就坐在电动车车座上，手扶着车把，像个木头人一样，纹丝不动。

网上流传的视频中，女儿坐在电动车后座上，一开始推搡着母亲，口中反复说着一句话:“走不走?走不走?走不走?”见母亲就是不走,而拿手机拍摄的看客越来越多,女儿突然情绪暴躁,去打母亲戴着头盔的头。看客们一边拍摄,一边起哄:“哎哟,你这孩子,你怎么这么坏,竟然打你妈妈?”此时的女儿更加崩溃和歇斯底里……直到警察到来。最后,在警察的调解下,母亲如原来答应的那样,给女孩买了手机,然后一起回了家。

作为一位母亲,我认为无论起因如何,孩子当街殴打母亲,肯定不对!

但在所有人的目光关注着“孩子打妈妈”这样的新闻标题时,我很想站在孩子的角度说几句话,无关妈妈是否“言而无信”。看过现场视频的人会发现,女孩在崩溃“打妈妈”之前哭喊着说出的,并不是“你必须给我买手机”,而始终都是“走不走”。面无表情、不做任何反馈、不表达任何态度的妈妈无视“女儿希望快点儿离开现场”的乞求,任凭现场“知其然不知其所以然”的路人围观、谴责女儿和拍照录视频。女儿崩溃的根本,并不是妈妈没有给她买手机,而是这么多人围观她,将她置于被点评、被谴责、被羞辱的处境,被贴上“坏孩子”的标签——她多么想逃走!而她的母亲,却用冷暴力回应,致使女儿一步步情绪失控……她看不见孩子的需求,听不见孩子的呼救,更不去伸手把孩子从恐慌中解救出来;相反,她借助众人的恶言,恶狠狠地惩罚自己的孩子……

这让我想起在一次心理培训中听到的实验,叫作“静止脸”。实验之前,爸爸与孩子正常互动,孩子很开心,也非常热心地回应爸爸。

当实验开始，爸爸需要在3分钟之内控制自己的情绪，无论孩子做什么，都面无表情。孩子慢慢发现不对劲儿，开始想办法引起爸爸注意。孩子继续尝试让爸爸与自己互动，但孩子发现自己的任何举动都得不到爸爸的回应时，孩子开始焦躁不安，最后崩溃大哭。

实验中的孩子跟殴打母亲的15岁女生的反应简直太像了！我开始反思近期自己日常与闺女的相处……

“妈妈，看我拼的小牛！这是最难的！”

“哇！你太棒了！继续努力拼其他小动物哈，妈妈工作完就陪宝宝……”

“妈妈，宝宝在干吗呢？”

“在干吗呀？”

“宝宝在给妈妈做饭呢！”（捏彩泥）

“好香呀！做好了给爸爸也尝尝吧，去找爸爸玩儿。”（敷衍）

“好吧……”

女儿眼神黯淡地走开了。

回想起这些场景，想到我如此敷衍地回应这个2岁小娃娃的情感需求，想到她得不到妈妈温和而积极的回应而立即写在脸上的沮丧和失望，我心里像打翻了五味瓶一样……

值得庆幸的是，我看到了这本书，听了小C的故事，了解了一个懂孩子的好妈妈的做法。我想，现在立即整改应该是来得及的！像小C的妈妈一样，耐心关注孩子、读懂孩子、积极引导孩子，和孩子在亲密互动中，让孩子得到“我是被需要的，我是被尊重的，我是被爱的”归属感。幸运的人一生被童年治愈，不幸的人一生都在治愈童年。我希望我的孩子是幸运的。

第二个启示

我对“小黄帽事件”感触颇深，它让我联想起偶尔在校门口站岗时也会遇到的情况：学生 A 忘记戴红领巾了，家长已经离开，哭着不敢进校门；学生 B 忘记带饭盒了，死活不进班，执意要在校门口等家长送来……作为老师，之前我曾一直觉得一定是家长在家“包办”太多，导致孩子一点儿自理能力都没有，还想象如果自己是孩子的家长，孩子戴不戴小黄帽是她自己的事情，没有必要替她拿，认为孩子既然成为小学生了，当然要“自己的事情自己做”……

读过“小黄帽事件”，我才关注到，在这种小事中孩子原来有这样丰富的内心活动！当孩子无奈地、倔强地陷入“没戴小黄帽”的困境中时，满脑子是自己认准的事情，别人说什么都没用，听不进去。

“小黄帽事件”也向我亮起了小黄灯，我也认识到自己在教育中存在一定的问题——六七岁的孩子还小，对刚刚入学的他们来说，习惯的养成是有一个过程的，不可能朝夕即成。所以作为家长也好、老师也罢，应当试着理解孩子的心思，指导孩子完成好这些任务。

针对这一话题，在某次办公室内的讨论中，一个同事曾说过这样一番话，让我最近在教育孩子的过程中总是想起和反思。她说，由于工作（岗位）的原因，我看过太多优秀的孩子，潜意识里很有可能会形成一个“较高标准”，但千万注意不要用这个标准去要求自己的孩子，那样一定会出问题的。

放弃“爱跟别的孩子比较”的固有思维，发现、珍视、发展孩子的自我特质，我正在努力着……因为，我相信——孩子可是千挑万选才选中的我们。而作为妈妈，这些纯真的爱与美好，吾不愿辜负！

二、目标教育有艺术，读懂孩子是前提

书中关于时间管理的一篇文章写道：

“在跑步的过程中，我们每个人都会产生不同的目标。目标不止快和远，下次跑的时候能够轻松一点儿，同样也算目标。报名马拉松比赛后，第一件事情便是制订训练计划。将计划分成几个不同的阶段，每个阶段分别设定小的目标。”

这篇文章我深感认同。其中的观点跟最近给三年级学生上的《新时代新征程》这一课时中讲到的国家的“两步走”发展战略不谋而合。新时代“两步走”发展战略指“第一个阶段，从2020年到2035年，基本实现社会主义现代化；第二个阶段，从2035年到本世纪中叶，把我国建成富强民主文明和谐美丽的社会主义现代化强国”。在讲课前做学情调查时，有的老师反馈，对三年级的学生来说，这个教学内容更像是“天书”一般的存在了——距离学生的生活太远了，学生很难理解。但提炼文章中的观点，引导学生用比较学习的方法，将这“两步走”战略跟学生制定学习目标的方法和过程放在一起，学生能够顿悟：对于非常远大的目标，要采取分解目标的方法，即设定小的目标，逐个击破，大目标才更容易实现。党和国家的领导人在决定国家发展战略这样的大事上都采用的科学方法，更何况自己小小学习目标的制定

啦！在制定自己的学习目标时借鉴这种方法，其中收获的，又何止是方法！再细想来，学习如同跑步，需要读懂每个孩子，了解每个人的基础，清楚孩子“跳一下”能够到的地方，才能根据实际情况设计更有针对性的教学目标。教育学生如此，教育孩子亦然。

很佩服这本书的作者，在忙碌的学习、工作、生活、育儿中，依旧有时间去听一听、写一写、读一读，字里行间流露出的一种安定与从容，值得细细回味；文字中跳跃的种种观点，不经意间让人心悦诚服。毕竟从“双减”开始，除了为了教研和制作方案等“功利性目的”去翻阅了关于核心素养和作业研究的两本书外，很惭愧我已经很久没有摊开一本书酣畅地读一读了。

未来，我想要学习小 C 妈妈，用心关注、理解、陪伴孩子，尽自己的最大努力——

让孩子成长的岁月是一段温暖的路，让家的那盏灯照亮孩子的整个世界，无论晴雨，唯有这份深沉的爱伴随一生。

陪你们慢慢长大

于　佳

看到《懂得才是爱》这本书的时候，我正处于孕中期。5年来，经历了备孕、胎停、试管、手术、保胎等一系列坎坷，这两个宝宝的到来让我和先生格外惊喜、分外珍惜：我们想把最好的一切都给他们。现在他们已经5个多月，活动更加频繁，每当他们用小脚丫用力地踢动，我总会幻想他们出生后的样子以及未来我们的生活会有哪些变化，同时也会闪现一丝担忧：怎么才能成为合格的妈妈，让宝宝健康快乐地长大呢？这本书，通过一个个真实的亲子故事，为我打开了育儿的天窗。透过这扇窗，我仿佛看到了未来我和宝宝们生活的一幕幕场景，同时也启迪我思考如何更好地陪伴孩子成长。

一、解开枷锁，做你的后盾

疫情期间，孩子们停课不停学，每天在家线上学习。这令很多原本就很焦虑的家长变得更加局促不安。小C也和众多的学生一样，在自己的房间中一待就是一整天，妈妈既担心孩子的状况又想给孩子创造一个独处的环境，因此只是偶尔和孩子聊聊今天发生的

“惊心动魄”，体会她小小年纪的“喜怒哀乐”，并未过多干涉与打扰。

相信这段时间小 C 一定成长了许多，她学会了坚强面对，学会了独处。这成长离不开妈妈的耐心陪伴与得体的退出。现在很多家长的焦虑来自他们对孩子的掌控欲，总是希望孩子事事按照自己的规划前进。孩子的成长过程中总会出现各种“意外”，这种“意外”才是真正成长的契机。家长的角色应当是孩子的陪跑者和坚强的后盾：顺风时做你的挚友，分享孩子成功的喜悦；逆风时做你坚强的后盾，只要你需要，我就在身后。

二、守护你的“小傲娇”

文中妈妈极力守护的“小傲娇”其实就是孩子的童真。有人曾说过：不幸的童年用一生去治愈，幸福的童年可以治愈一生！在被认可、被肯定的环境中成长的孩子一定会成为一个温暖、自信的大人，同时充满无尽的创造力。刚入职的那一两年，急于教，急于考，班里死气沉沉，孩子们疲于应付。随着教育经验和教育方法的累积，我渐渐放慢节奏，多倾听他们的想法，孩子们反而更加积极主动，智慧的火花在班级不断碰撞、燃烧。很多时候孩子的世界观和价值观是在不断地成长过程中慢慢形成的，作为家长、老师——孩子的领路人，我们要做的不是急于把我们的想法强加给孩子，而是通过不断地引导帮助他们建立起健全的人格。很多家长的焦虑来自无法让孩子按照自己的想法行事，殊不知，一味地要求与执行会扼杀孩子的主观能动性。缺少了主观能动性，孩子就只剩下被动地服从与接受了，这是我们不愿意看到的。

三、教育的分寸——润物细无声

小 C 的妈妈常常利用路上的时间和孩子分享文章，在共同阅读的过程中，孩子慢慢形成了阅读与思考的习惯。随着年龄的增长，简单地分享已经变得苍白，但是，思考的习惯还在继续。看似简单的家庭小活动，其实是教育智慧的体现。古代大臣劝谏君王，常常借用经典，让君王听着别人的故事反思自己治国的关键，这样的劝谏往往起到事半功倍的效果。我们教育孩子也应该讲点儿艺术，给教育加一点儿糖衣，让教育不那么刻意，孩子才更乐于接受。

记得三年级有一篇观察植物的作文。班里小涡同学坐在书桌前好久，迟迟不知如何落笔，妈妈便带孩子下楼“游戏”。他们绕着小区的梅树散步，并约定：走一圈要发现梅花的一个特点。第一圈走完时小涡发现了颜色和香味；第二圈走完时她发现了好多蜜蜂；第三圈走完时看到其他区域的另外几棵没全开，树上有刚出来的花苞，然后有大一点儿的，再大一点儿的。回到家，妈妈引导孩子梳理今天的发现，还上网查了很多资料。晚上孩子很快把作文完成了。

无论是书里小 C 的妈妈还是小涡同学的家长，都做到了“润物细无声”。我们的教育不是为了教而教，而是为了不教而教，在不断地指引与陪伴中让孩子自己去感悟生活，学会知识。

四、做朋友，不做上司

小 C 连续 3 天没有戴小黄帽，妈妈认为大人可以帮孩子想着，但不是替她拿，在小 C 妈妈心目中，认为孩子上学至少要把老师交代的事情记清楚。这是我们常会进入的一个误区：用大人的思维方式来要求孩子。其实孩子的成长不是一蹴而就的，我提要求你立马就做到。孩子的成长是分阶段的，我们提出要求后可以观察孩子的行为：如果可以独立完成，那么加以鼓励和总结；如果完成有困难，可以教一些方法，增加一些游戏或者奖励机制强化习惯养成，最后总结。在孩子成长的路上，家长和老师并不单纯是发号施令者，更应该站在孩子的角度为他的成长保驾护航。

五、让孩子做回孩子

小 C 的妈妈拒绝拿自己的孩子与别人家的孩子比较，因为每个孩子都是独立的个体。教育不是复制和模仿，而是发现和指引。

前几天带双胎宝宝产检做排畸，一个宝宝一直不动，医生看不见他的颈椎，我从中午一直做到医生快下班，他还是不转身，不给看。其他医生、病人陆陆续续离开了，只有负责为我产检的大夫和我面面相觑。当时我真的有点儿急躁了，我拍了拍右边的宝宝，想让他看看别的小朋友多么乖巧，话到嘴边我还是没有说出口。我知道，这个肚子里的小生命在未来的日子里还会遇到很多类似的情况，难道从在妈妈肚子里的时候就要拿他和别人比较吗？我不忍心，我甚至有点儿心疼我的宝宝了，他这一下午一定比我还难熬。平时在家动得挺多的，今天无论医生怎么按肚子，我怎么溜达都岿然不动，我猜他可能害怕了。我平复了一下内心的焦躁，摸了摸肚子，和宝宝说“没关系，我们再试一次，不行就明天再来”。终于，伴着夜色，我们完成了检查。出了医院的大门，我看见天空中的一轮明月和闪烁的星辰，我对自己说，星光和明月同样美好，只要努力过都会闪着光。

六、不错位的教养，效果最好

我的宝宝 6 周有胎心和胎芽，16 周可以感受到胎动，现在 23 周可以追着我手掌的温度和我互动。尽管每个胎儿的生长周期不完全一致，但大体是按照生长规律来的。他们的每一次成长都能带给我无限的惊喜，哪怕是一次胎心的跃动或是小脚的蹬踹。随着孩子慢慢长大，我们便有了更多的要求和期待：怀孕的时候，天天盼着能健康出生；健康出生以后，又盼着能尽快满月；满月之后盼百天；百天之后盼周岁……幼儿园阶段，纠结上不上培训班，特别是在幼儿园大班的时候纠结学前班要不要上，就这样小学—中学—高中，一路走来，疲惫不堪。

此时我们是不是应该回头看看，当初那个因为第一次的胎动就兴奋不已的自己呢？也许我们应该把目光从未来拉回到现在，珍惜当下。当要求与孩子的年龄和认知相互匹配的时候，我们和孩子都会轻松很多，教育效果也会更好，因为孩子的认知与思维的发展是阶段性的，每个年龄段都有自己的特点，我们要顺应其发展的规律。现在的教育应该拒绝“电影院效应”，停止“内卷”。当我们对孩子的教养与孩子的年龄特点相匹配、不错位时，效果最好。

七、牵着蜗牛慢慢走

“对于女儿小 C，我不愿意做高高在上的妈妈，女儿小 C 的个子还小，我更愿意俯身与她在一起。”

书中这段话让我想起多年前看过的一本书——《牵着蜗牛慢慢走》。我们教育孩子，就像牵着一只蜗牛在散步。和孩子一起，走过他孩提时代和青春岁月，虽然，也有被气疯和失去耐心的时候，然而，孩子却在不知不觉中向我们展示了生命中最初最美好的一面。在和孩子慢下来的过程中我们感受到了他们的率真，发现了世界的美好。陪孩子一起成长的过程，成长的不只是孩子。我们在教育孩子的同时其实也是在自我完善，那何不放下做父母的那份骄傲，蹲下来、慢下来和孩子共同成长呢？刘瑜说，应该被感谢的是孩子，是他们让父母的生命“更完整”，让父母体验到生命层层开放的神秘与欣喜。

八、好习惯的培养不是一蹴而就

常常听家长抱怨：“我跟他说好多次了，就是不听！”殊不知，孩子习惯的培养不是“我要求，你执行”。而是在不同的年龄段有相应的培养方法。这本书中，妈妈对小 C 时间管理的培养，做出了很好的示范。她将整个过程分为四个阶段，这样分阶段、分层次的培养符合孩子的心理和生理特点，使孩子能更好地接受我们的教育。

虽然我的双胎宝宝还在肚子里，但是我已经养成每天和他们聊天，让宝爸给他们讲故事的习惯。等出生后会延续聊天和睡前故事，这是我对孩子阅读和写作习惯的初步培养。等孩子会说话了，我希望他们能给我讲讲一天的见闻，和我聊聊他们最爱听哪个故事，这是阅读写作习惯培养的第二阶段。第三阶段是孩子会识字、画画后，可以自主阅读，自主记录。最后一个阶段，希望他们多读好书，养成记日记的好习惯。当然，整个过程一定会遇到各种各样的问题，孩子也会有反抗、偷懒的时候，我们可以多采用游戏、评价等方式帮助孩子养成良好的习惯，这个过程才是真正体现教育智慧的部分。好习惯的培养不是一蹴而就，细水长流、循序渐进才是正解。

九、最好的教育是对彼此的成就

常常有家长问生孩子的意义是什么？“为了参与一个生命的成长，不用替我争门面，不用为我传宗接代，更不用帮我养老。我只要这个生命存在，在这个美丽的世界走一遭，让我有机会和他（她）同行一段……”这是我见过最美好的答案。这本书也提道：父母因孩子而精彩并突破设限人生，孩子借助父母的肩膀展翅高飞，父母把自身资源给予孩子，助力孩子成长，使孩子不断突破自己，走得更高、更远。我常常觉得孩子之所以来到这个世界，是来帮助我们不断完善自己的认知，磨炼意志和耐性的。我在小学当了 10 年的班主任，我的教育理念以及心态也是随着我学生的成长而慢慢转变的。刚工作的时候，感觉就是围着学习、考试转，你考什么，我教什么。孩子的接受程度不一样，我总会疑惑为什么有的孩子总也学不会，每天都被成绩、评比牵着鼻子走。工作两三年后，慢慢发现了教育的本质并不是为了教，而是为了不教。我改变了心态，学着“蹲下来”和孩子对话。我开始真正走进孩子的内心，去了解他们的需求与困惑。在这个过程中，我不仅看见学生的进步，还找到了自己的价值，看到自己的不足。现在我有了自己的宝宝，我看问题的角度变得多样，我理解当父母的不易，体会到他们望子成龙的期待以及教育的焦虑。这些改变都是孩子带给我的。

《懂得才是爱》这本书，既有孩子成长过程中的真实故事，也有父母教育时的思考，还有教育家的理论依据。时间跨度大——从孩子上幼儿园到高中都有涉及，可以引起父母在教育孩子方面的共鸣。我很感谢能在孕期这个特殊的阶段看到这本书。每次孩子在肚子里有力地踢踹，我都特别感动，我珍惜这两个小小的生命的到来。我也期待着他们可以平安出生，健康成长。我愿意慢下来陪着他们慢慢长大，理解他们的感受，指引他们前进。做一个能懂孩子、真正爱孩子的好妈妈。我也会带着这样的情怀重新回到教育岗位上，做一个懂学生、爱学生的好老师。

最后，希望每个孩子都能在懂与爱的环境中慢慢长大，希望每位家长都能慢下来，去懂得孩子。

大处着眼小处着手　润物无声教育无痕

王　磊

看完整部书稿，我最强烈的感受是——小 C 好幸福！不仅因为她有一个完整的家，有爱她的爸爸妈妈和其他家人，更因为妈妈肯在教育孩子的问题上下这么大功夫，付出如此的心血，就像书名——懂得才是爱。

我个人认为，暂且不谈教育孩子的艺术或教育本身就是一门严谨的科学，单是那渗透在字里行间的、无论哪一位读者拿起书稿都会感受到扑面而来的爱，就让人无比的舒服。

一、原生家庭对孩子的成长影响深远

小 C 的爸爸和妈妈为她创造了一个充满爱、充满理解、充满尊重的原生家庭。什么是原生家庭呢？我们人的一生中会有两个家：一个是我们从小长大的家，有爸爸妈妈，也许还有兄弟姐妹；另一个是我们长大以后，自己结婚组成的那个家。我们把第一个家叫作原生家庭。

有些人可能会说，在原生家庭里发生的事情，很多都不记得了。那么，可以回忆起来的事情，和我们年幼在原生家庭里发生的一些不记得的事情，哪个对我们的影响更大呢？答案是那些我们不记得的事情对我们的影响反而更大。

小C妈妈对于小C的教育出发点是对孩子的爱。我认为这份爱可以分为三部分：第一部分，来自妈妈出于本能的母爱；第二部分，来自妈妈对教育的钻研，是一种科学的、理性的爱；第三部分，来自妈妈的原生家庭。

在《时光里的幸福》一文中，字里行间充斥着母亲细腻而无微不至的关怀，还有作者作为家庭中最小的孩子又是唯一的女儿处处享受特权的幸福。这些温暖慢慢融化进作者的血液，让她的内心被爱包裹，就连她看待这个世界的视角也跟着发生了变化：

因为二哥的“忠厚”，大哥也经常欺负他，大哥总以讲故事为名，让二哥提前暖好被窝，不知二哥为了听大哥讲瞎编的故事，兴冲冲地钻进冰凉的被窝暖了多少次……

我不知道“二哥”的回忆里，这件事儿他是否还记得，到底是什么颜色。但是作者娓娓道来，我的脑中总有温暖的光晕，总是萦绕着三个孩子狡黠的、憨憨的、银铃般的笑声，不自觉地我也笑了。

这既是作者童年里深刻的印象，更是组成她美好童年不可或缺的一幅幅温情的画面。

人好比一台运行良好的电脑，平时我们看到的电脑界面是我们需要看到的界面，但决定呈现这些界面的程序却隐藏在电脑编好的程序中。因此，我们也受一些看不见的程序的驱使，而表现出我们现在的行为。

因此，小 C 妈妈的一些教育行为甚至她的三观形成，都和她的父母，乃至她的原生家庭分不开。

二、教育孩子要“大处着眼，小处着手”

曾国藩写的“大处着眼，小处着手；群居守口，独居守心”联语流传至今。所谓“大处”，是宏观意义上的大方向、大目标、大格局。小 C 的妈妈对小 C 的教育看似十分“佛系”，但其实目标明确，有大格局。这里所说的“小处”则是微观意义上的局部、细节、点滴小事。

小 C 妈妈在书稿中记录了许许多多的“碎碎念”，这些“碎碎念”并不是一地鸡毛的琐碎小事，在我看来是“小处着手”的体现。这些“碎碎念”包括哪些内容呢？

1. 亲子共读

书中多处提到全家都有阅读的习惯，妈妈也是想尽办法让孩子爱上阅读。阅读，是一种能给孩子带来无限乐趣的娱乐活动，也是他们获取知识、开阔视野的一种学习方法。透过小 C 向姥姥读林清玄文章的行为，我看到，虽然孩子年龄不大，却大大超出了我们认为她在这个年龄段应具备理解潜力的预期。同时这样的孩子更愿意分享、讨论、表达，这也促成了她更多的社交活动，让她得到更多的锻炼，变得更加自信。

亲子共读是孩子和家长之间非常有意义的一种仪式，它是其他形式很难替代的成长通道，也是从小培养孩子阅读习惯的最佳方式。我认为共读的方式有很多种，一起捧书阅读可以，家长读给孩子听可以，一起听同一本书也是亲子共读。

亲子共读是孩子与父母之间建立深厚感情的重要渠道，共读的时候，孩子看着书中的画面，听着家长的解读，这不仅是在读书，也是一种情感的交流。这种交流为阅读赋予了互动性和趣味性，有利于充分激发孩子的阅读兴趣，从而建立终身的读书习惯。

家长和孩子读相同的书，可以建立共同的价值观。而且，家长通过有选择性地推荐一些书籍，可以把想向孩子传递的观点，通过书本巧妙地传递给孩子，这样也避免了反复的说教和唠叨给孩子造成的不耐烦。

2. 生命教育

人最宝贵的是生命，生命是智慧、力量和一切美好情感的唯一载体。生命教育不是一门专业的课程，它需要渗透在其他的教育活动中进行。家庭教育是对孩子进行生命教育非常重要的途径，就像书中所说："其实生与死的话题是个沉重的话题，我们往往愿意培养孩子阳光、快乐的性格，让其躲闪于沉重之外，小小年纪何必增添太多负担？！"但是引导孩子正确认识自己的生命，培养孩子珍惜、尊重、热爱生命的态度，增强对生活的信心和社会责任感，树立正确的生命观是必不可少的。可以说，生命教育既是人全面发展的内在需求，也是促进人全面发展的重要手段。

3. 自主能力

什么是自主能力呢？自主能力是指做任何决定、事情，遇到各种困难都靠自己的智慧、勇气、能力解决，而不依赖他人。小 C 妈妈关注孩子这一方面能力的培养是非常明智且十分必要的。

要想让孩子获得自主能力，无论是家长还是老师，又该如何引导和培养呢?

首先，是教育者观念上的转变。孩子的问题好像出在孩子身上，其实深入思考也有很多出在大人对孩子的教育理念和早期的习惯培养上。大部分家长有一个根深蒂固的理念，这个理念深植于家长心底，是什么呢？——“家长不相信孩子可以做好，不相信孩子可以自觉”，正是这种长期以来的不信任才加速促成了这样的结果。

日常生活中，往往一类家长不重视对孩子的自主能力的培养，另一类家长又错误地认为孩子已经具备自主能力而放任导致严重后果。同时，家长普遍存在对孩子自觉自律的高期待，却没有意识到自身育子方法不科学的问题，而是完全归咎于自家孩子的不自觉、不自律，想通过自己的监督和武力完成家长想让孩子实现的目标，最终压制或替代了孩子的自主能力。

其次，是教育者要学会培养孩子的自主学习能力。自主能力提升的前提是提升自己的自主学习能力。自主学习能力是社会发展的需要，也是孩子面对未来的挑战必备的条件。面对新世纪，为适应科技迅速发展的形势，适应职业转换和知识更新频率加快的要求，每个人都应该终身学习。具备了自主学习能力，就意味着具备了自主解决问题的基础。

4. 时间管理能力

关于珍惜时间，一直是个永恒的话题。小 C 妈妈在书稿中所阐述的对孩子时间管理能力的培养，我持认同的态度。

教育似乎是一辈子的事，大处着眼，大处是战略，就是要有大格局；小处着手，小处是战术，就是做事要细心。这里提醒我们，凡事都应该从“大”和“小”两个方面去谋划、去行动，才会减少或避免失误，把事情做得顺利圆满。曾国藩的人生实践证明，要“做正确的事”，更要“正确地去做事”，眼高手低常常是夸夸其谈之辈，手高眼低往往是难成大事之人。不管是碎碎念也好，还是一字顶万金也罢，总之还是要坚持对的并持之以恒。

感谢这样一位教育者同时也是一位家长所写的“理论与实践融合的家庭教育”手记，这对我的工作和生活会起到重要的作用。其实我一直觉得这本书中父亲的角色出现得很少，当然这本书本就是写妈妈和女儿的教育故事。但我依然觉得，这可能也是当下家庭教育中的一个很重要的缺失。这本书也给我这样的启示：我应该在工作和生活中做个有心人，记录自己陪伴孩子成长的教育之路，用行动践行“大处着眼，小处着手；润物无声，教育无痕”。

后记

此书是无心插柳之作，我出于教育反思记录下日常点滴。今天能够有幸编辑成书出版，要感谢马芯兰校长，她是我敬仰并视为榜样的教育家。她热爱教育、热爱儿童，她不仅在百忙中阅读书的初稿并写序，同时带领三位优秀的教师唐珊珊、于佳、王磊阅读并留下宝贵的读后箴言，令我感动。

同时，也要感谢我身边的领导、同事、同学、所教学生以及读过我订阅号的“粉丝”们。出书的缘由是他们读到了小 C 的妈妈日志，一再地鼓励我结集成册，这才有了今日的出版。朋友们的持续关注和每篇日志下的宝贵建议都是我教育之路上的指路明灯。借此机会一并感谢，也会在出版后一一赠书表达感恩之情，我将继续在教育路上思考、前行。

能心无旁骛地以一颗最热情的心致力于终身教育、儿童教育的研究和实践，是我对未来无限的期许。

此为后记。